社會人文 | BGB526

總統與我

政壇奇緣實錄

張祖詒——著

謹以此書作為
蔣故總統逝世卅四週年紀念的獻禮

目錄 Contents

見證國家脫胎換骨

馬英九

　　《總統與我》這本書是擔任蔣經國總統十六年核心幕僚與文膽、高齡一○四歲的張祖詒先生的回憶錄。我追隨經國先生七年，祖詒先生是我的長官，今天有幸為這本書寫序，我滿懷感念，更感動他們為國家的付出。

　　民國六十一年（一九七二年）經國先生被任命為行政院長前，祖詒先生與經國先生素無淵源，亦從未單獨會面。當時祖詒先生擔任嚴家淦院長時代的行政院編譯室主任，並不是知名的行政幕僚，但嚴院長離

職時，卻指明祖詒先生留任，因為是繼任者經國先生的請求。

用祖詒先生的話說：「我沒有顯赫的家庭背景，也沒有亮麗的學歷如留洋的博碩士學位，更沒有攀龍附鳳的人際關係」，但他遵從命令留下來，不到一年後就擢升為行政院副祕書長，後轉任總統府副祕書長。祖詒先生這個決定，影響了他的一生，也大大幫助了經國先生往後十六年治理國家。

在那十六年中，祖詒先生與大他八歲的經國先生，發展出比長官部屬更為密切的知交關係。他對經國先生並非奉命唯謹，而是有話就說，甚至犯顏直諫。因為經國先生高度信賴他，也要求他這樣做；他們之間許多精彩的互動，在本書中都有提到。這就是祖詒先生所謂的「奇緣與知遇」。

祖詒先生器識恢宏、思慮周密，忠誠幹練、沉穩

低調、文筆流暢，極受經國先生倚重，對那十六年間的國家大政方針與政府運作，多所參與，獻替良多。在行政院時代，重點是十大建設，以財經改革與基礎建設為主；在總統府時代，則以外交、國防、兩岸關係及民主改革為主。

其中解除戒嚴、開放組黨與報禁、開放兩岸探親、國會全面改選，都是大格局、高難度的變革，阻力重重，經國先生卻信心堅定、舉重若輕、化解阻力、堅持到底。他這些高瞻遠矚的英明決策，讓國家脫胎換骨，我身為幕僚，常常私下喝彩不已。

在決策過程中，我對經國先生與祖詒先生的公忠體國，印象深刻。最令我感佩的，就是他們本身都出自威權體制，卻能毫無罣礙地親手終結威權體制，帶來人民期盼的民主改革。過去幾十年，多次民調顯示，經國先生都是中華民國歷來最受歡迎的總統，祖

詒先生的輔佐，功不可沒，他對此應該最感到欣慰。

我從一九八一年到二〇一六年擔任公職三十五年。很幸運的是，前七年擔任總統府第一局副局長並兼任經國先生祕書，二十年後自己擔任中華民國總統八年；兩度在那棟巍峨的紅樓中，工作了共十五年之久。前面七年，祖詒先生是我的直屬長官，對除了服兵役之外從未擔任公職的我，他盡心指導調教，讓我能親炙他的見識、決斷與文才，是我一生最有價值的歷練。現在我自己卸任總統已經近六年，重溫當年初任總統幕僚時的種種挑戰與因應，仍然覺得回味無窮。

本書把祖詒先生追隨經國先生擔任行政院長與總統十六年的所見所聞、所思所為，用最坦率與生動的語言，公諸於世；其中許多幕後協調，外界從未知悉，甚為精彩，很值一讀，並細細品味。

祖詒先生以逾百歲之齡，仍秉持春秋之筆，為國家留下如此詳實重要之紀錄，我深為感動與敬佩。尤其是在經國先生日記已經公布的今天，對世界各地研究中國近代史、尤其臺灣民主改革歷史的學者來說，更是不能錯過的一本好書。我誠摯向海內外讀者推薦。

極寶貴的歷史實錄

成優

　　我和祖詒先生認識已逾一甲子。記得民國四十年代初期，胡適夫人常由她在臺灣的近親——姪女江小波女士陪同來舍下與先母牌敘，第三位多數是胡夫人的長媳曾叔昭女士。江女士是祖詒先生的原配，他們伉儷情深，祖詒先生常在下班後來舍間準備陪夫人回家。然而晚餐後牌敘繼續進行，先父在書房批閱公文，祖詒先生就由我陪伴聊天。我記得祖詒先生大學畢業後即在財政相關的機構工作，抗戰勝利後曾赴東北接收，遭受相當的苦難，來臺後似在中央印製廠工

作。我是一個大學生，對他的工作完全無知，我們的談話只能就報紙報導的時事交談，我發現他的評論非常深入中肯，私下以為他如為報紙寫社論一定會很成功。但是過了三、四年，胡祖望先生被派駐華府駐美大使館擔任商務專員，全家赴美。胡適夫人也隨他們去紐約與胡適先生團聚，我和祖詒先生的交往就中斷了。

民國五十年十月我結束了在美國的學業，胡適夫人要回國，先母要我隨侍她老人家回臺北，很快的夜間談話又恢復了，那時我上午在外交部，下午在行政院，工作還是很忙，一直到五十二年底陳副總統辭去兼院長的職務，才回到外交部全日上班。續任院長是嚴家淦先生，大約是民國五十六年，他請祖詒先生到行政院擔任編譯室主任。這時他的工作十分沉重，我們見面的機會也不多，他曾提起為嚴先生工作的辛苦

和壓力。民國六十一年蔣經國先生接任行政院院長，堅留祖詒先生幫忙，並將編譯室擴大為祕書室，由他負責；我則奉調到新聞局服務，因此每週四我們會在行政院院會見面，平時也有不少公務上的接觸，特別是六十二年起他晉升行政院副祕書長，以後民國六十七年又隨經國先生去總統府擔任副祕書長。

　　本書《總統與我》是就祖詒先生在經國先生身邊工作十六年互動的實錄；共分四篇。其中以〈記事篇〉最為重要。大家都知道經國先生平時是沉默寡言的，部下向他報告，他很少評論，最好的狀況是回答：「我也是這麼想。」然而他和祖詒先生間的對話和互動的確是很稀有的。祖詒先生認為是由於「奇緣」而獲得「知遇」。我想經國先生一定是對他長期考核，知道他為人誠懇、忠實、勤奮、守密，所以才對他充分信任，託他作很多不是他職責內的事。這一

篇內許多敘事和對話都有極寶貴的歷史價值。第二篇是〈思索篇〉，屬於自我反省部分，個人覺得他有些自責過深，究竟那二件事都不是他職責範圍內的。第三篇是〈追念篇〉，我認為是經國先生的嘉言錄。因為經國先生謙沖為懷不許人為他寫傳記；而先總統蔣公也輯有「嘉言錄」，所以用追念篇為名。最後一篇是結語，敘述祖詒先生對當前問題的看法。

讀完全書深感受益良多，使讀者知道許多過去被保密的事，祖詒先生以一〇四歲高齡出版此書，實在令人欽佩。我想特別提出他的原配夫人頗早去世。將近五十年前，他在十分偶然的機會遇到陳家麗女士結秦晉之好。這些年來張夫人對祖詒先生的生活照料無微不至，尤其是近二十年來他多次手術住院，張夫人不辭辛勞細心照料，都能使他恢復健康。今天我們能讀到這本十分有價值的書，張夫人的貢獻厥功至偉。

前 言（自序）

　　本書中所稱的「總統」是指中華民國第六、第七任總統蔣經國先生。

　　本書中所稱的「我」，是指本書的作者，張祖詒是我的姓名。

　　本書中敘事的時間，僅限於民國六十一年始，民國七十七年止。

　　經國先生是國家元首，是中華民國陸、海、空三軍的統帥，更是歷來所有民調中，始終居於最受民眾愛戴的一位領袖。他愛民如子，但他一直自稱是全國第一號公僕。

　　在我的心目中，他當然是位保國衛民的好元首，

但更是一位慈祥和藹的長者。他有豐富的熱情，充滿的愛心，殫精竭慮，無時無刻不在想方設法，要讓國家壯大強盛，要讓民眾安居樂業。「今日不做，明日會後悔」的名言，是他盡瘁國是的最佳寫照。

經國先生出生於一九一〇年，亦即民國前一年。民國七十七年，在總統任內辭世。他完全主理國政，是自民國六十一年至民國七十七年的十六年歲月。在這歷史長河中不算太長，也不算太短的時段裡，他創造了舉世稱譽的「臺灣奇蹟」。

以上幾句文字，是本書給主人翁蔣經國先生作了最簡單的說明。其實那是早已人盡皆知的史實，毋須再以贅文介紹。祇是本書開卷首頁，不能不有個適當的楔子。

其次談「我」。我生於民國七年。民國六十一年經國先生出任行政院院長時，我年已五十四歲。其時

我的職務，是行政院編譯室主任，是一個勤事敬業、奉公守法，而且也是已經請辭待退的公務員。偏偏就在那個關節時間，與本書主人翁產生了「奇緣」。「奇」者，事情來得突然；「緣」者，是在之後的十六年中未曾中停或中斷，也就是在十六年中，「總統」與「我」，一直都在近距離左右，未曾間斷。因之本書所稱「總統與我」，在時間上包括前六年的行政院長任期，以致書中敘事，在那六年的時段裡，不能稱為「總統」，祇能以「院長」、「經國先生」，或逕以「他」字代之，以符實際。

在整個十六年中，我一直受到特異的知遇之恩，而深深感動。我逐漸發覺，院長或總統與我之間的互動與對話的模式，似乎不像一般長官與僚屬間的主從關係，反倒有些好像父兄子弟或知音好友間的那種暱近輔佐，可以小節不拘，有時甚或謙挹移位，於心十

分不安。

記得大概是在民國六十二年仲秋，一位人稱「外交才子」的好友，對我說了一句讓我愧赧的話，大意是朋友們大家覺得，院長與我之間的 Intimity，似乎超越了祕書長。我一時難以作出是或不是的回答，祇能說我是頗有知遇之感。這個 Intimity 不算常用的英文單字，後來倒讓我覺得用以描述總統與我之間的互動，還真是相當貼切。

由於這些回想，導致我有記述總統與我這段微妙「奇緣」的構思。不過同時也有多種反向的考慮，於是多年來一直在我腦裡盤旋著一個糾結：該不該寫這樣一本書？會不會因這本書招來「自抬身價」的負面批評？這當然非我所欲。又或書中述及人物大半久已逝世，而我本人又無日記習慣，缺少人與物的佐證，可信度易被質疑。既乏人證，又欠物證，豈能不被指

為虛擬，讓我百口莫辯？

然則我是向不說謊的人，如今我已年逾一〇三歲，難道我會自毀名節？思考再三，乃將這個困惑，就教於幾位知友，聆聽他們的高見，或可有助於解開這個糾結。

我不想對幾位知友指名道姓。有一位開口就說：

「以閣下目前精神狀況，於一、二年內，再寫一本書應該毫無問題。何況我預測，書的內容，必有不少可貴史料，寫出來是你的義務。」

另一位好友則說：

「我也知道，經國總統與你之間的互動，有些微妙，在那所謂『威權時代』的體制下，確是一種稀有的光景，自應和盤托出，免被湮沒在歷史灰燼之中。」

更有一位好友直說：

「我請求你務必完成這本書的寫作，這是你的責任，也說不定可能因之導向更好的未來。」

　　知友們的鼓勵，解開了我的難題，也推動了我的寫作意願。說來好笑，忽然間，想起一九五六年美國好萊塢拍攝的一部電影，名為「國王與我」，敘述十九世紀暹邏國王拉瑪五世，聘請一位英國女教師安娜前往暹邏，擔任皇室宮廷教師，指導王宮成員學習英語及禮儀。劇情中描述國王與安娜間的互動，由於身分和文化的差異，產生出帝王與平民之間許多不同情調的諧趣。故事曲折動人，分由當紅女星黛勃拉・寇爾和男星尤・伯連納主演，結果大受全球影迷歡迎，並獲奧斯卡及很多國際影藝獎項的榮譽。

　　我之想到這部影片，並非該片劇情與我想寫的書有何雷同，而是片名《國王與我》（*The King And I*）頗具吸引力，於是我首先作了一個選擇，果真要寫這

書的話，書名將仿照那部影片，採用《總統與我》，之外另有副題。

意願既定，作者開始擬訂寫作大綱，並給自己定下三項原則性的前提，也算是作者的自我期許：

一、首先說明本書的定性，不是傳記，不是回憶錄，不是小說，更不是類似坊間諸多揭密之類的八卦文章，而是多年來存在我記憶中依然印象深刻的一些懷舊與感念，完全是總統與我兩人之間的互動。對話中雖有論及公務，但非重點，主要是把許多若干溫馨和感性的回憶，難以忘懷的點滴，事後記錄，作了筆記的集成。

二、既然筆記的根據是全憑回憶，但又無日記或可供查證的文卷資料佐證，那麼筆記所載內容，必須百分百的真實可靠，絕無一言半語出於虛構杜撰，作者也願擔負百分百的完全責任。

三、書中所記，偶有傷及當年某些人士的令譽，並非作者筆下有失忠厚，而是當時經過的真相，完全是實情的紀錄。作者至感遺憾，並願敬向相關人士深致歉意。

　　上述三項原則，是作者撰寫本書的基本態度。在這樣的定性和定質的要求下，作者擬就本書的內容，分為三篇：

　　第一篇名為「記事篇」。大致上是按時序先後，記載歷來總統與我之間的互動和對話，上自國家大政，下至瑣碎生活點滴，全無拘束。其中有些事件，過去曾在幾本拙作中提及，不免摘錄幾處片段舊文。也有些記憶不敢十分肯定時間，寧可捨棄不記。不過總統與我對談中，有時涉及某人某事，總統一概直言無隱，並無顧忌，反倒使我有些侷促。但在本書中，我也祇能從實記載，未作任何隱諱。如果有些對話因

時間久遠，忘卻準確日期，祇能以「某日」代之，甚至有些以「某年、某月」替代，不無缺憾，然而所記內容，則絕對準確。

第二篇名為「思索篇」。是對前篇所載的記事，有許多非我事前預知，亦非事後我能明白其道理。所以有些總統交代我的言語或交付我的任務，當時我會覺得稍感訝異，以致讓我推測總統的用意所在。有時我的猜想大致無誤，有些直到現在都仍百思不解。因之我在這篇章中，作了若干分析。但已無法向總統求證。對於若干存疑的問題，也許永遠將是個謎。美國故前總統約翰·甘迺迪於一九六三年十一月在德州被暗殺身亡後，他的兩位親密幕僚歐唐納（Kenneth P. O'Donnell）和鮑爾斯（David F. Powers）合寫了一本書《Johnny, We Hardly Knew Ye》，兩位作者，都是和甘迺迪有著十五年以上交情的好友，但對甘迺迪總

統的一些作為，仍有很多深不可測的疑問，其中包括為何提名林登‧詹森為副總統候選人。全書十四章，每一章節對甘氏的懷念，充滿濃郁的崇敬和感情，讀來令人慨嘆，尤其那書寫作的意涵大致與本書類似，增加了我寫本書的勇氣。

第三篇名為「追念篇」。總統辭世將近卅五年，他的行誼，依然如同作者十五年前所撰〈教我如何不想他〉的紀念文中，那樣鮮明活潑，存在腦海。他的言談謦欬、音容笑貌，無一不在我心中，留著無盡的思念。對我而言，最深刻、也最感敬佩的印象，乃是在那十六年中，竟然從未見過總統疾言厲色、出言不遜，當然更不曾見過總統雷霆之怒。其實在他二任總統期內，國事如麻，但從未見他心浮氣躁，即使身懷宿疾、健康不佳，依然總是沉著穩定、鎮靜解危。這樣的國家領袖，實屬不可多得。本篇將從我的所見之

中，記載一些總統深邃素養、寧靜致遠的氣質，以及他親民愛民的溫馨故事，足以垂為典範。

事實上，在二十世紀的六〇至八〇年代，經國先生對國家社會的關切，早已具備了「以天下為己任」的精神，也就是那種超越一己利害的無私精神。因之無論看他內在的思想論述，或看他外在的施政實踐，都證明他已把握到那時代亟須革新復興的歷史重心，他也早已被認為是那時代的歷史人物。那麼他的言行和生活點滴，自然構成了那時代歷史中被重視的話題。

筆者有幸在那時代裡，能有奇緣長期追隨歷史中心人物左右，為創造歷史使命的巨人略盡一些棉薄。而在總統辭世三十四年後，筆者賤軀粗健，尚能記得一些回憶、作成實錄，讓我不慚卑微，而引以為榮。

本書寫作的體例，或與一般出版品，例以章節前

後連貫鋪陳稍有不同。書中記事篇敘述總統的嘉言、德行，有些地方是單獨地用一句、一行文字列出，看來有點像詩篇的格調，但實際當然不是詩句。如此破例，旨在用以凸顯「經國之治」的鮮活度以及它的特有風格。

經國總統在他十六年中的輝煌政績，在國內外許多著作的評論中，早已有口皆碑。他可愛的笑容，也永遠長留人間。本書僅係總統與作者之間不為外界所知的一些互動實錄，留作史話的外一章，尚請讀者朋友不吝指教。

張祖詒識於

民國 111 年 1 月 11 日

記事篇

一、奇異任務

民國六十一年五月十七日，中國國民黨中央常務委員會議通過一件重要議案：行政院院長嚴家淦請辭院長職務。

同一時間嚴先生於請辭案通過後，即席書面提案，推薦蔣經國先生繼任行政院院長職務。

常會接受提案，籲請總裁不以內舉之微嫌核准提名。

民國六十一年五月二十六日，立法院第四十九會期第二十六次會議，高票通過，同意蔣經國出任行政院院長。

行政院於立法院通過新任閣揆提名案後，立即著手內閣改組。所有原任政務委員暨各部會首長全體總

辭，行政院院本部各一級單位主管同時亦向卸任院長請辭。

本人（我）時任行政院編譯室主任，照例向嚴院長提出辭呈。

未料數日之後，院本部各一級單位主管請辭案，都已獲得嚴院長批准，唯獨我的辭呈尚無批示。

納悶之餘，祇好請見院長，詢問緣故。

嚴院長直率告我：「新任院長要留你。」

如同一聲雷鳴，我求嚴院長成全，讓我離職。

嚴院長再次告我：

「蔣先生要留你，你就非留不可。」

行政院編譯室主任的職務我已做了六年。

那實在是個太辛苦、太艱難的差使，我想乘內閣改組離去，是我的真正心願。

但公務人員必須服從長官決定。

無可奈何，我祇能留職待命。

＊　　＊　　＊

隔了二天，尚未卸任的行政院祕書長蔣彥士找我。

他說：「蔣院長要你代擬他就任後十天內向立法院報告施政方針的講詞。」

這是一個奇異的任務！

我與新任蔣院長從來沒有一次面對面的機會，更沒有過單獨的面談，我對他的瞭解如同一張白紙，如何代擬他的施政方針講稿？

但我又是留職待命的公務員，有必須遵守命令的責任。

我祇能請蔣祕書長轉陳新任院長提示講詞大綱，給我一個方向。

可是這樣的請求依然落空。

轉告的指示說，由我自行撰擬。

難題終於落到身上！

可以想像，那時我的窘境，是如何完成這奇異的任務。

殫精竭智、慎思熟慮，終於一週後，撰成全文大約五千字的講稿，仍請蔣彥士轉陳。

再隔幾天。

蔣彥士祕書長又傳指示，蔣院長已經閱過講稿。

結果呢？

所擬講稿，院長全部同意，連文字都不必修改，可即付印。

這樣的傳話，不是開我玩笑吧？

千真萬確，這等大事，豈能虛假。

可是這等事例，在傳統官場舊規中，確是罕見。

也許是幸運之神給我的恩典，讓我意外捕捉到一些經國先生的思維和理念，恰巧符合他銳意創新改革的勇毅和決心，凸顯了他未來的施政方向。

這樣的奇異任務，也產生了奇異結果。

讓我成為「經國之治」團隊中的一份子。

二、首次面談

民國六十一年六月一日，新任行政院院長蔣經國到職就任。

就職典禮完成後，不到十分鐘，傳諭召見我去院長辦公室，那是他原任副院長時的房間，和我編譯室同在三樓。

這是我第一次去見向被媒體稱為「強人」的蔣院長。

侍從人員敲了兩下房門，引我進了院長室。

進門以後，卻見「強人」院長從座椅站起，繞過辦公桌，含笑迎我握手，並示意在他桌前椅子入座。一向個性拘謹的我，倒是覺得有些侷促。

院長卻先開口說：

「祖詒兄，

首先我要謝謝你為我草擬施政方針的講稿，

完全符合我的意旨。

所以我說毋須一字修改。

再則我要告訴你，

剛才我做了一個決定，

院本部組織要作小幅度修改，

把原有的機要室、編譯室，以及第八組，

合併成一個單位，稱為祕書室，

並且請你擔任祕書室主任。」

我腦中的即時反應：

我對新任院長瞭解不多，而這位院長對我的認識，似乎也還不夠，所以我謹慎地回答：

「謝謝院長的嘉許，也謝謝院長的提攜，但我才疏學淺，恐怕不能勝任。」

「不用說客氣話，

　　我看過你給嚴先生寫的許多文章，

　　我知道你必能勝任愉快，

不必謙辭，希望以後多多幫忙，好好合作。」

　　怎能阻擋如此盛情厚意。我就這樣接受了新的職務。接著院長又說：

　　「我已交代第七組，

　　把祕書室的辦公室設在三樓，

　　你的辦公室就在我的隔壁房間，

　　這樣可以比較方便。」

　　我用感謝的語氣回答：

　　「一切遵命辦理。」

　　我正要起身告辭退出，院長卻又問道：

　　「你家裡的情形好嗎？」

　　「謝謝院長的關注。我妻子二年前癌症病逝，一

女一子都已大學畢業，都已赴美留學。剩下幼子一人，患有弱智症，年齡將近二十，但智商偏低，祇有四、五歲稚童程度，現在臺大醫院東樓精神病科六樓封閉式病房就醫，但顯然並無進步。」

我用最簡單的語句，回報了院長的關懷。

「以後如有需要協助的地方，請跟我講。」

這時我真的從內心感激這位仁慈的長官。

當我道謝起身告辭時，院長同時站起，繞到辦公桌前，似乎想要送我出門，於是我立即說：

「院長請留步。」

「我正想走動走動。」

在走步時，我說了一句話：

「今日院會，您並未要我準備講稿。」

「不需要，以後院會都不需要。」

我們同步走到門口，外面的侍從人員拉開了辦公

室的大門，我向院長鞠躬，院長再次與我握手，隨即辭出，結束了第一次的會面。

走在廊上，立即掃除了所謂「強人」的「威權」假象。

一位國家最高行政首長，完全沒有以往高官的僚氣。對待一個部屬，竟會如此多禮，那麼對待百姓，必然是恤民如子的英明領袖。

我內心有了為國家深慶得人的暗喜！

但又想，這不會是僅因第一次會面的禮數罷。

不像！

我開始有為這位「強人」院長效勞的意願，更有能夠參與國家中興大業的榮譽感。

三、拉開新政序幕

　　民國六十一年六月一日，經國先生接任行政院院長。在簡單隆重的新舊任交接典禮後，緊接主持行政院院會，他僅要言不繁，對全體行政工作人員勉以「平凡」、「平實」、「平淡」的務實態度，精誠合作，共同發揮團隊精神。

　　接著他宣示，從下一週開始將分別巡訪各部會，聽取業務會報，行程由行政院祕書室安排。

　　會後院長又對我說：

　　「訪問各部會時，請你全程陪同。」

　　我體會到，我的任務將日漸加重。

＊　　　＊　　　＊

再隔一週的星期四（六月八日），院長主持他第二次的院會，當處理完畢全部議程後，他站立起來講話：

　　「今天我要鄭重向全體公務人員公開提出

　　十項工作要求，

　　這是我們推動行政革新的起步，

　　也是為了要建立一個開明的政府，

　　最起碼要做到的事項。

　　這十項要求是：

　　1. 辦理國家的公務，必須遵守國家法令。

　　2. 一心一意為民眾服務，全心全力為民眾效勞。

　　3. 多接近民眾，多聽民眾的意見。

　　4. 想盡方法為民眾省錢，用盡方法給民眾便利。

　　5. 不怕麻煩向民眾解釋問題，

　　不怕困難為民眾解決問題。

6. 不要錦上添花，多做雪中送炭的事。

7. 說話要句句真實，做事要步步踏實。

8. 對待任何人都要客氣謙虛，不可有傲慢態度。

9. 不貪非分之財，不做有違良心的事。

10. 只要大公無私，不必計較受怨受謗。

我們的政府是為民眾服務的政府，

行政人員必須摒除衙門化、官僚化的習氣，

剷除作「官」的心理，

以民眾的痛苦為痛苦，

腳踏實地去作「事」，

才是公務人員應有的態度。

以上十項要求，

將是我們今後嚴格執行的要項，

也是對各機關和全體人員考核的依據。」

〔按：此案提院會前，院長召我長談他對行政革新的理念，從構思到實踐，都有具體的想法，那十項要求，便是在他口授下，命我寫成文字。以後院長在巡視各部會及其他會議場合講話時，每每強調行政革新的重要性，句句語重心長，發人深省。其中頗多富於哲理的嘉言雋語，我都從實記錄。二年之後，輯成一冊，院長閱後至為滿意，交由人事行政局委託國立政治大學企管教育中心舉辦的「行政管理研究班」（參加者為中央各部會九至十一等人員）增設「行政革新」課程，指定由我擔任講座，歷時二年。由此我深深體認，經國先生天賦具有大公無私、去腐陳新的改革思想，既已執政，自然全力推動行政革新，務求政治清明、澄清吏治，讓人民有個真正為民服務的政府。〕

四、「經國之治」的號聲響起

　　民國六十一年六月十三日，行政院蔣經國院長依照憲法規定，向立法院報告他未來的施政方針。時鐘指著八點五十五分，蔣院長率領全體閣員暨各部會首長蒞臨立法院議場。他坐在行政院首長區第一排左首第一個座位，卻指定我坐在他背後，即第二排左首第一個座位，以便隨時諮詢。當時我只是隨員身分，稍感猶豫，他隨即再度示意，於是我立刻坐下。

　　九時正，立法院倪文亞院長準時宣布開會，邀請行政院蔣院長報告施政方針。蔣院長立即從座位站起，從容步上發言臺，全體立法委員報以熱烈掌聲。

　　這是蔣院長執政開始第一次的正式公開演講，各方自予高度期待。他以誠摯又謙虛的態度，朗聲又穩

重地發表他的未來施政方針。講詞的重點，首先指出國家政策的推行，雖有其持續性和連貫性，但今後實際執行時，將視主客觀環境變遷和情勢發展的需要，隨時加以修正或改進。凡於復國建國大業所必要、建設現代化國家所必行、於國民福祉所必需的，必定毅然戮力以赴，毫不鬆懈；反之，凡是不合時代要求、不合國家民眾利益、有礙行政效率、甚至違背復國建國大計者，必定斷然加以棄絕，毫不遲疑。

接著他又指出，儘管國家面臨的形勢非常險惡，國際環境十分複雜，接受考驗的嚴酷，在中外歷史上所少見。但我們可以不必把它看得太複雜，因為：對世界來講，今天唯一的衝突，就是民主與極權的衝突；唯一的戰爭，就是自由與奴役的戰爭；唯一的任務，就是維護人類尊嚴與世界和平。對我中華民國來講，唯一的衝突，是三民主義仁政與共產主義暴政

的衝突；唯一的戰爭，是我們的反共戰爭；唯一的任務，是消滅共匪、光復大陸；唯一的結果，是以仁制暴的國民革命勝利成功。簡單地說，這就是我們要從複雜困境中，所要走出的道路。

他用一貫沉穩、宏亮而堅定的聲調，不疾不徐、鏗鏘有力地發表了講詞全文，但他並未結束講話。隨即他說，他還有一些口頭補充報告，強調未來的政府，將是一個開明開放的政府，是一個廉潔清白的政府，而且更是一個有行動去為民興利、為民除害的政府。我們有決心開大門、走正路、事無不可告人，有錯會認錯、有過會改過，憑良心、盡責任，大公無私、精誠團結，我相信我們的社會自然會走上軌道，我們的國家也會立於不敗之地。

院長的全程書面講詞和口頭報告，句句出自肺腑，發自內心。最後並以謙遜語句，懇請立法委員給

予指教，總共用時大約卅分鐘，獲得全場不分朝野立委持久的熱烈鼓掌支持。

當院長在掌聲中從發言臺步回時，我從座位起立，他卻迎面對我說道：

「謝謝你給我寫的講稿，真的很好。」

我慚謙地答：

「院長過獎，您的口頭補充，才是精彩萬分。」

他微笑著又說：

「那是我臨時想起，隨意作了小小補充而已。」

之後走出議場，我心中隱現一個問號：

中華民國一位剛毅堅強、曾被媒體稱為「強人」的最高行政長官，如此賢明謙虛，對部屬視同客卿，說話那麼多禮，予人嘉許，反自貶抑，可稱史無前例。

是真的嗎？是真的！

因之我深信，未來國家發展，必將展現一番新的面貌。

第二天各大報紙一致讚譽蔣院長的施政方針講詞，是具有「非凡的精神與意義」，是「革新的宣告與誓言」，是「大有為政府與大有為做法」，給蔣院長啟動新政發出了宏亮的號角聲響。

五、尊重憲政體制

當天施政方針報告結束後，依立法院院會議程，進行立法委員質詢。院長此時在座位上轉身對我說：

「全部質詢由我自己答復。

除非其中有業務上的細節，

則請有關部會首長答詢。

到時我會告知。」

結果首日（包括下午）登記發言委員極為踴躍，大都均由院長親自口頭答復，也有少數質詢，事涉業務執行實況，則由院長指定相關部長作答，命我遞條給主席臺上的議事同仁。

隔了一天，院長經過首日詢答質詢後，覺得行政院處理立委質詢，事關重要，頗有需要改進之處，要

我過去討論，他先問：

「過去本院對立法委員質詢案件怎樣處理？」

我以實際作業狀況回報：

「本院對立委質詢案的處理，以往均由編譯室負責。一向把質詢案分成口頭質詢及書面質詢二類。口頭質詢如果已由院長或相關部會首長當場口頭答復，立法院祕書處都有紀錄，那就不再去作任何處理，除非另有補充質詢。另一類書面質詢，則由本院轉交相關部會以書面逕向立法院作答，以副本抄送本院。」

院長聽了我的說明之後，凝思一下，對我說：

「這質詢案的處理，有很多改進空間。

我們憲法規定，

立法院委員有向行政院長及其部會首長

提出質詢的權利，

行政院長或部會首長，

除涉及國家安全機密者外，

有不得拒絕的責任，

這是憲政體制中重要的一環，

我們應予尊重。」

我承認以往處理立委質詢案，在作業上有很多地方可以改進。同時我也覺得，院長重視立委質詢，甚至還說黨外委員質詢中對政府施政的批評不無見地，足見他具有民主思想的胸懷，重視民意，因之我即表示，我們會儘快研擬改進辦法。院長接著說：

「我只提出一個重點，

我們處理立委質詢案，

務必能讓每一立委感到，

行政院對他的質詢受到重視，

而且作了適當處理，

以表尊重。」

在這樣的指示下，行政院祕書室擬具了改進要點：

1. 每一次立法院會期結束時，行政院必將該會期中每一立委的質詢，不論口頭或書面，彙編總表，詳列每一質詢案處理狀況，送立法院祕書處及每一立法委員。

2. 每一質詢案處理狀況說明中。必須敘明該案執行情形：全案執行完畢，或尚在執行中及其進度，或有窒礙難行之處，及其困難原因。

3. 除彙總表外，應對個別委員每一質詢案的個別處理，單獨函知各質詢委員。

4. 各部會答復立法委員質詢案，應將副本致送行政院祕書處，以便綜合彙編總表。

以上擬案，院長認為滿意，奉示即於當屆立法院第四十九會期開始執行。民國六十一年底，立法院四

十九會期結束。蔣院長（要我同行）親赴立法院拜會倪院長文亞，致謝立法院給行政院的支持，並告以改善立法委員質詢案的處理，倪院長當場也表謝意。

就從那個會期開始，立法委員都可得到行政院祕書處函送每一會期內立委質詢案處理狀況的彙報，無不表示欣慰。認為蔣院長重視立法委員質詢，是對憲政體制的尊重，更是一位具有民主素養的政府首長。之後六年之內，每年二次都是循此模式辦理，被譽為民主政治運作的典範。

〔按：距今半世紀前的良好政風，經過政局多次更迭，不知是否仍能維持，不得而知。〕

我之所以對於此案印象深刻，因為在討論時，院長說話的態度特別鄭重，透露他對政通人和的殷殷期待，那樣諄諄指示，情見乎辭的懇切，讓我十分感動。因之我最後說了一句話：

「院長，以您的真誠，無事不能順利達成。」

「這是我們為政的基本態度，你應該瞭解。」

由處理質詢案而談到了為政之道，所以使我留下深刻印象，不能不記。

六、年輕副祕書長

民國六十二年四月某日，院長對我說：

「行政院現任副祕書長瞿韶華另有任用，即將調職，我想請你接任。」

我聽了之後，稍有猶豫，隨後委婉地說：

「報告院長，本院副祕書長職務中，黨政協調是重要工作之一，但我對國會的政治生態一無所知。立法委員、監察委員或國大代表誰是某派、誰屬某系，我都不甚清楚，所以我感謝院長對我的器重，但我本人深怕不能勝任。」

院長聞言之後，哈哈一笑，說：

「我要找的人選，

就是要像你這樣的人，

黨內無派無系，

　　才能齊心一致，

　　擔任協調工作者，

　　也能無偏無私。

　　你就接受這個安排，不必謙辭。」

我不能再行推辭，次日便即發布任命。

但當我辭出時，院長又補充二句話：

　　「之後我家中的事，

　　公家不必管理。

　　還有，

　　如果我的兒子找你，

　　不必理會。」

我對後一句話，如墮五里霧中，但只能唯唯稱是。

再隔幾天，行政院院會例於星期四上午九時舉行。我第一次坐到會議桌正面中間主席位置右手第二

個座位。院會一開始，院長站起說話：

「很高興本院有位年輕的、新的副祕書長就任，

不用我多作介紹，

大家必都熟悉，

那是右邊的張祖詒先生。」

於是我立即從座椅上恭敬站立，向全體閣員一鞠躬，表示年輕的副祕書長已經到位。

其實那時我的年齡五十五歲，已經接近中年的後段，也就不能不振作精神，作出年輕的樣子。

但有一點我能肯定，在院長心目中，我還是年輕人。

以後，黨政協調工作，果真相當繁忙。幸好國民黨中央政策委員會兩位負責人梁祕書長肅戎和趙副祕書長自齊協力配合。那時新當選的增額立委，多是本黨菁英同志，自主意識甚高，雖然他們年齡比我小得

很多，但對被稱年輕的行政院副祕書長倒有相當好感，協商事宜，尚稱順利。至於黨外增額立委，那時也還比較理性，竭力誠意溝通，勉可無礙。

不過，我要坦白地說，當時行政院與國會之間的協調尚能暢順，真正原因，在於經國先生的聲譽和德望，受到民意的熱烈支持。所謂年輕的副祕書長，只是幸運沾光而已。

倒是我在行政院內部，創立一件特別的先例。由於經國院長要我擔任副祕書長，並且命我依舊兼任祕書室主任，因之我在院內有了兩個辦公室，一在三樓，一在二樓。在當時行政院辦公室非常擁擠的狀況下，一人有二室，不啻是個怪異現象。於是我主動要第七組把三樓祕書室騰出部分空間，報請祕書長核准改作政務委員辦公室，消除了那個怪現象。

年輕副祕書長總算做了一件看來像年輕人的事。

七、五人財經會談

　　以我長期從旁觀察，經國先生在他主理國政的十六年期間，早就立下以國家為己任的使命，以身獻國。凡是福國利民的政務，他必殫精竭慮、戮力進行。正如他在首次對立法院講述他的施政方針中所說，凡於建設現代化國家所必行、於國民福祉所必需的，必定毅然全力以赴；反之，凡事不合時代要求、不合民眾利益，甚至違背復國建國大計者，必定斷然加以拒絕。因之他宵旰勤勞、日思夜想，都是盡瘁以上所說的國家大政，以期無負他以身許國的使命感。

　　在他眾多的國務思考中，我覺得他耗費精神最大、耗用時間最多的，是有關經濟的問題，因為那是國民生計的問題，措施稍有不當，就會影響民眾日常

生活。所以當他感到政府作為偶欠周延時，他就十分焦慮。又覺得他自己對社會動態和涉及民生的經濟榮枯還是瞭解不夠（雖然他時時察訪民間），為此他認為要有所改進。

經濟與民生問題和國家基礎建設，經緯萬端。經國院長日思夜想，籌謀善策，真是千頭萬緒。本書無法一一列述，祇就決策中樞五人財經會談及十項重要建設兩項略述梗概。

民國六十二年，國際上爆發能源危機，隨之國內物價跟著國外物價不斷上升，以致通膨日趨嚴重。在此艱難情況下，他作了一個重要決定，原在經濟設計委員會內設有一個五人財經小組，改由行政院院長親自主持，移在院內不定期舉行。五人財經會談商討一切有關財政、經濟、金融、貿易，以至物價穩定、工業升級及技術發展等等重大問題，於是在研討和決策

上有了顯著的改進，克服了論說紛紜、議而難行的缺點。

　　民國六十二年三月中，院長對我說：

　　「以後我將親自主持財經會談，

　　改在院內舉行，

　　成員仍是中央銀行總裁、財政部部長、

　　經濟部部長、本院祕書長及主計長，

　　會談地點就在我的辦公室，

　　會談日期及時間不固定，

　　按需要隨時舉行。

　　我要你參加，擔任會談記錄，

　　以及和有關單位首長通知及聯繫事項。」

　　我對如此重大任務，並無信心，因之回答：

　　「我並未受過速記訓練，恐怕會有遺漏。」

　　「你只要抓住重點、記錄清楚就可，只是又將增

添你的工作負擔。」

「那是我的榮幸。」

不過這項五人財經會談，雖非行政院體制內的法定會議，但其重要性不可言喻。

院長在第一次會談中，就作指示，為了爭取時機、提高效率，凡會談中經過討論、得到結論並由院長裁定的事項，毋須再由行政院用官式行文，有關單位逕可依照會談紀錄，照案執行，爭取時效。

蔣院長關懷民瘼，甚於任何其他課題。凡涉及民眾生計有關的狀況，必優先討論。例如六十二年三月三十日，就為緩和物價上漲趨勢，立即採取六項緊縮信用措施。又於七月卅日，採取十一項穩定物價措施。因為他認為維護民生的安定，才能有政局的安定。但經濟問題極為複雜，國內外各種因素的變動，隨時都能影響到國內安定，所以每次會談開始討論預

定主題前，他必先請五位成員報告目前一般社會經濟狀況，如有特殊動態，就會要求相關部門預擬對策，以免到時產生臨渴掘井的慌亂。

這樣的五人會談，一直持續到民國六十七年五月經國先生晉任總統為止，前後總共舉行一百餘次。在這段時期中，討論決定產生的很多重要方案無不有助於我國經濟發展的進步，為進入開發國家奠定關鍵基礎。諸如民國六十三年間宣布的「穩定當前經濟措施方案」，六十三年啟動修正獎勵投資條例，六十七年宣布匯率機動制度，以及積極執行第六期四年經建計畫（六十二至六十六年），綜合推動十項重大建設，實施利率自由化，科技產業的播種，工業發展的轉型等等，不及一一列舉。總而言之，我國經濟起飛，五人財經會談，無異就是飛鳥的兩翼。但是主持人經國院長每當裁定某一政策時，總要提醒所有成員，我國

經濟是在穩定中求成長，任何政策執行中，如出現異常波動，就應立即檢討，作適當的修正，甚或部分廢止，以保全局的穩定。

五人會談，不具會議形式，沒有表決，倒像一個座談會，出席成員充分自由表達意見，而每位成員也有充分準備，攜帶相關資料，遇有院長或其他成員有所詢問時，可以立即提出資料補充說明，有助主持人作出決定。必要時還請相關人員列席，同樣發言，同樣討論，因之會談能有很高效率，毫不浪費時間。

很多人常常批評蔣經國不懂經濟，對經濟完全是門外漢。因之對他所作各種措施，每因有違某些人的主張，或違背某些企業集團的利益，予以反對。但看看他在五人財經會談中的言論、主張和裁定，往往能見人所未見，他的研判和預測也大多正確。同時他也時時聽取學者專家建議，認為合理可行者，儘量採納

實施。

　　基本上，由於經國先生具有強烈的「民本」思想和濃厚的「均富」觀念。所以凡是能夠符合這二項基本原則且能福國利民的方案和措施，五人財經會談都予支持。結果多年實踐，五人會談改變了我們的經濟體質，由農業社會進入工業社會（農業在保護政策下仍有現代化的進步），由勞力密集的輕型工業進到資本密集和技術密集的重型工業與電子工業，以及充分現代化的基礎建設，獲得舉世稱譽的「臺灣奇蹟」，躍登亞洲四小龍之首。這「奇蹟」二字，聽來稍有譏諷的意味，莫非因為這個「奇蹟」的推手是個經濟「門外漢」之故？而我正是這位「門外漢」的特別助理。

　　〔按：正如上文所說，五人財經會談並非行政院體制內的法定會議，其決定事項遵照院長指示，逕由

有關單位依議執行，不再由院行文，於是會談紀錄經院長核閱定案後，便是唯一的原始文案。當然各有關單位在後續執行期間常有報院或相互諮商文件，提及某月某日會談決定，並不影響其執行效力。可是紀錄本文原件，一直在我的保管之中，並未歸入行政院檔案。到了我的職務變動，進入總統府時，所有原在院內我的書籍、文卷、資料等一概由助理人員打包裝箱，運到總統府內。其時由於總統府我的辦公室正在裝修，尚未完工，所以先行放在一個臨時的房間，等到我遷入我的辦公室，那些舊有資料箱並未打開。一晃十年，直到我退休，那些資料一直睡在箱中，被人遺忘。直到我移居美國，一九九六年，因事返臺，遇到昔日老友徐立德先生，其時他已榮任行政院副院長，在聊天中憶及昔日往事，我突然想起五人會談的紀錄仍然存在我的家中，總覺不妥。雖然那些文件都

是我親手撰寫，但所記全是國家經濟發展的第一手資料，不能視為我個人私有文物，所以我就商徐兄應作如何適當處置。我們二人都認為如果把全部紀錄（大約有五大卷）送回行政院歸檔，不僅程序上頗費斟酌，而且等於把大宗歷史原始資料湮沒在檔案庫中，甚為可惜。徐副院長極為熱心，主動建議把所有紀錄公開，邀請學術界共同研究經國先生的財經思想與建樹，並請著名學者教授撰著專書，闡述其宏觀的政策理念與豐碩的實踐成果。嗣與多位財經學人討論，認為專書著述，不如廣邀相關人士舉行學術討論會，更可宏揚經國先生遺澤。立德兄函詢我的意見，並索閱會談紀綠文件，我立表同意，擇日返臺。但一九九七年行政院改組，立德兄辭卸副院長職務，依然未曾忘懷學術研討會的舉辦。我於一九九七年底返臺，把當年五人財經會談紀錄全部交給他參考運用。隔年他就

邀集許多知名財經學人研商籌開會議事宜，並將我所交予的五人財經會談紀錄商請經建會同仁加以分門別類，彙總編成一冊詳細的實錄，以便分送出席學術討論會人員和預定發表論文的學人參閱使用。事經立德兄的積極籌劃，中經 SARS 疫情稽延，終於確定於民國九十二年八月九日，由財團法人近代法制研究基金會、財團法人國家政策研究基金會、聯合報、遠見雜誌等四個單位共同舉辦「蔣經國先生主政時期（1972～1988）的財經政策與經濟發展」研討會，並由法制研究基金會徐董事長立德發表開會致詞，說明本會議的緣起、意義和經過。會議共分三場，共同討論八個議題，每個議題由一位學者或教授發表一篇專題論文，供與會人公開討論，對經國先生的財經政策的理念與實踐，多所讚揚，但也有若干理論上的不同意見。最後綜合座談，由曾任中央銀行總裁的張繼

正先生與徐立德董事長聯合主持，由曾任監察院長，也是知名的經濟學人王作榮先生發表綜合講評。

這裡摘錄王先生講詞中的第三節和最後一節，足以代表那次學術研討會的結論。第三節原文如下：

「我們仔細回憶經國先生的一些經濟決策與具體措施，便可發現他背後有一個中心思想體系在指揮與支持他，因此前後數十年是一貫的，很少有矛盾衝突的地方。而且非常堅持，不為學者專家及社會輿論所動，也不為當時經濟情勢的困難與動盪而有所改變。這在當時也許不為部分人士所瞭解與支持，甚至加以相當程度強烈的批評。但事隔多少年後回想，便為覺得他不無道理，值得佩服。

「那麼，什麼是他的中心思想體系呢？我在我的自傳《壯志未酬》中調侃他，說他是俄國史達林文化與中國包青天文化的混合產物，這話有點不得體，但

很寫實。我實際要說的，是他有現代社會主義思想與傳統儒家文化思想的雙重性格與修養，而這就是民生主義思想的來源。這兩種思想體系大致上是相通的，《禮運大同篇》可以作證。在這樣一個混合體文化教養之下，一個人必定會有強烈的公平、正義、仁民、愛物、節用、厚生的情懷與操持。各位仔細回想他一生的立身處事，他在經濟方面的決策與措施，是否具有這些特性。」

末尾一節是綜合的結論，其原文如下：

「臺灣以尚在發展的經濟體，依賴進出口貿易維生，國際經濟的任何波動，都會立即影響臺灣經濟。又因退出了聯合國，缺乏國際金融與經濟的奧援，竟然在經國先生的沉著應付之下，賴政府各部門及全體人民的努力，不僅得以平安度過危機，而且仍然維持穩定的高成長率，不能不說是奇蹟。」

研討會圓滿閉幕，事後主辦單位編印出版了研討會全部議程及所有學者發表的論文，彙成一厚冊，堪稱經國先生主政下財經政策與經濟發展的專著。當時我因寓美期間恰有要務，不及返臺，以致未能參與盛會。但看到當年五人財經會談紀錄，能被適當運用，證明了經國先生主持下會談決策的豐碩成果。五人財經會談耗了多年的心血，功不唐捐，應可告慰於經國先生在天之靈。

　　我對這篇記事，不厭辭費，占了不少篇幅，旨即在此。〕

八、十項重要建設

在五人財經會談中經過很多次討論，擬將原有個別的幾個單一計畫如建立臺中港、促成北迴鐵路、擴建蘇澳港等可與已在籌劃中的另幾個新興計畫綜合彙併成為一個包裹型的超大計畫，名之為「十項重大建設」，旨在相互配合呼應，誘導我們國家總體力量，發揮整合乘數作用，加速促成我國經濟結構升級，早日進入開發國家行列。

這是一個國家總動員模型的龐大建設計畫，同時啟動，同時於五年內全部完成，總需資金新臺幣貳千億元，所以必須動員全國人力、財力、物力，作最佳的運用，方能期底於成。

其時，正逢國際能源危機，百物價格飛漲，形勢

極為不利。因之國內也有反對或不同聲音，但經國院長環顧整個情勢，認為「今日不做，明日後悔」。憑他超人的睿智遠見、堅強的意志毅力、無比的決心和氣魄，在六十二年十一月十二日報經國民黨十屆四中全會認可後，隨即在當月二十二日行政院院會中宣布「十項重要建設」確定成案，強調本案是我們國家建設進入現代化的康莊大道，是增強國力的重要階梯，也是我們經濟「升級」的必經里程，只許成功，不許失敗。

　　十項建設為多目標、多效益的重大工程，其中六項為交通建設，包括中山高速公路、鐵路電氣化、北迴鐵路、中正國際機場、臺中港、蘇澳港等的興建或擴建；三項為重化工業，即大鋼廠、造船廠與石化工業；另一項為核能發電。概括了基礎建設所需的主要部門，也就是足以克服投資不足、緩和經濟衰退、增

進人力就業、平衡區域發展等等阻礙發展的瓶頸現象。他確切認為，十項重要建設，乃是國家當前最迫切需要的施政重心。

我注意到他說出「只許成功，不許失敗」八個字的神態，充分顯露他堅強剛毅的性格，就知道他有信心必能達成既定目標。

隨後他又宣布，十項建設，將由他與副院長暨全體政務委員各別認定一項，擔任監督。在工程進行期間，除由行政院研考會負責全程考核進度是否符合計畫之外，每位監督將負責考查各個計畫的推展，有無障礙或其他相關單位配合不順等狀況，隨時作出改正（不過院長本人仍將隨時視察其他工程）。

蔣院長親自監督建造的高速公路，北自基隆市，南至高雄市，全長 373.2 公里，乃是貫通全島南北的大動脈。平時他南北奔馳，察訪民間甘苦，沿線地區

他都十分熟悉。他選擇高速公路乃為順道可以訪問各地鄉鎮，也許是他考慮因素之一。

高速公路最先完工通車的路段是三重至中壢段（六十三年七月廿九日），其次是中壢楊梅段（六十四年十二月十日），兩段連接合長約有 30 公里，工程單位報請院長親自履勘，日期大概是十二月中旬某日下午，院長很高興，決定前往作首次試行，照例要我隨行，坐的是廂型車。

由三重交流道駛進高速公路路面時，心情是十分興奮的，上了公路，更是有些驕傲的，因為路面平整堅實，車輪滑行其上，如同行在玻璃道路，大約二、三分鐘，院長側首向我問道：

「感覺怎樣？」

「我現在覺得，我已是一等國的國民。」我說。

「說得對，我們努力的目標就是這樣。」

車行再又平穩前駛二分鐘，院長又說：

「我們要把各項建設，

不論硬體軟體，

都要落地生根，

就像這條公路一樣，

誰也無法搬動移走，

這樣才是真正的所謂「本土化」。

現在一般人常把「本土化」視為

提拔臺籍菁英擔任重要職位，

似乎過於狹義。

我們正就應該朝著廣義的方向努力。」

車輛很快走回三重交流道，進入臺北市，回到行政院。院長和我在車上簡單的談話，卻讓我有了很長的深思，他之展現大氣魄、大擔當，為國家發展推行十大重要建設，不只為了經濟發展起步，立下扎實基

礎，更是為了深耕臺灣，要讓寶島人民享受現代化設施的福祉，其意義遠甚於拔擢幾位菁英晉入高位。

他的不辭勞瘁，緊密注視十大建設的進展，列為他執政期間最重要的施政項目。最後果然十項重大建設全部於五年內如期完成。為「謀事在人，成事也在人」立下了範例。

九、愛屋及烏

　　民國六十四年四月五日先總統蔣公病逝。經國先生哀痛逾恆，次日向中國國民黨中央常務委員會因父喪請辭行政院院長職務，中常會舉行臨時會，一致決議挽留。於是他不得不銜哀受命，墨絰從公。四月十六日蔣公靈櫬奉安慈湖行館正廳，經國院長請喪假，在慈湖守靈一個月。

　　四月二十日，經國院長指示司法行政部王部長任遠研訂在獄刑犯減刑辦法，依法定程序報請嚴家淦總統核可後實施，以符蔣公矜恤囚黎之德意。

　　再隔數日，七海警衛組長給我來了電話，傳達院長希望我於當日下午前往慈湖晤面。於是我在下午三時到達陵園，門前二位憲兵持槍對立站崗，入內一片

寧靜，氣氛莊嚴肅穆。我先到正廳，向蔣公遺像及靈柩行禮致敬，然後侍從人員告知，院長正在後面花園散步。於是我被引導，經過蔣公昔日臥房，在臥房盡頭，有扇側門，門外是一排廡廊，廊外有個小小花園，繁花茂草，頗為秀麗。

院長看見我已來到，便即走進廊屋指著藤椅說：

「請坐，今日沒有什麼特別事情，只是多日未見，要你過來隨便談談。」

我趕緊答上一句：

「謝謝院長關注。」

沒有想到院長接著說：

「倒是有一件事，我要告訴你，

我們正在商量要請美國一位

精神病科醫學博士程教授

（可惜我已忘他大名）來臺灣，

主要是給孝文診病。

我想到你有個兒子，

也是精神病患者，

到時我會安排，

也讓你兒子給程教授診察一下，

看看能否有所幫助。」

當時我聽到如此溫暖令人感動的言語，我的眼眶已經潤濕，不知何以言報。我想尚文（我兒子的名字）生母泉下有知，也必感激涕零，所以我說：

「院長的德意，我終身難忘。」

院長看我稍有激動，馬上轉移話題說：

「院內情形如何？」

「一切正常，請放心。」我立即簡單回報。

「那邊東廂房置有我們《武嶺蔣氏宗譜》，你去看看好嗎？」

經國先生顯然要我換個注意點。

侍從人員引我走往東廂房，我在走道上想，這位仁慈的長官，關愛部屬，還照顧到家人，真是愛屋及烏。

而我三年前初見面時的一句話，他還放在心裡，更是難得。

打開東廂房門，一看裡面，像是一間寬敞的書房，靠牆有一張很長的書桌，上面放著一個很大的書箱，走近一看，書箱頂蓋上刻著「武嶺蔣氏宗譜」六個大字，字體像似魏碑，金黃色木質箱蓋，漆上綠色文字，顯得格外端莊。我坐在桌前座椅，侍從人員禮貌退出。

我謹慎打開箱蓋，溢出一些書香氣息，看到裡面珍藏的一本本精緻線裝史書，整齊疊置在箱內。我拿起面上第一冊，藍色封面，左邊貼著紅底墨書正楷書

名籤條，上寫「武嶺蔣氏宗譜」，端端正正，不無令人肅然之感。

翻開封面，扉頁是由吳敬恆先生用篆體字寫的書名，再翻內頁，乃是陳布雷先生擔任修譜總編纂所撰的蔣氏宗譜修編經過，才知這就是一九四八年蔣公中正在南京敦請吳稚暉先生為修編總裁，把一九一七年溪口蔣氏宗譜首度修編，完成之後由上海中華書局出版的今本《武嶺蔣氏宗譜》。

我因未戴白布手套，不敢繼續翻書，只看了前面數頁，知道奉化蔣氏直系先祖第一代是蔣光，因五代時戰亂避難南遷，定居明州寧波，二世蔣宗霸再遷奉化，方是奉化始遷祖，直至蔣公中正，已是第二十八世，距五代將近千年。

闔上第一冊，放回箱內原處，再關上箱蓋，前後大約二十分鐘，走出東廂房，看著侍從人員閉門落

鎖，我又回到廡廊原處。

向經國院長簡單報告閱譜感言，我又補充說：

「我曾到過溪口兩次。」

引起院長訝異，問道：

「什麼時候？何以會去溪口？」

那是民國二十九年八月間，我在皖南屯溪的財政部貿易委員會安徽辦事處工作，到職才一年多，突悉父親得病在滬住院，我請了兩個星期的事假，亟想返回上海探視。其時京蘇一帶，均已淪陷於日寇暴軍占領之下，京滬蘇嘉杭交通全斷，唯一通道上海與寧波之間的海輪航運仍在行駛，而皖南與浙東仍在國軍駐守之中，於是我決定採取這條路線。

由屯溪坐公車到浙江蘭谿，換乘浙贛線火車，經金華改乘公車到東陽、瑞昌，由瑞昌到奉化公路全已破壞，必須步行，再由奉化經溪口到寧波，同樣也須

走路。聽來這條路線十分周折，因為距離不長，所以只費三天時間，就可到達寧波，再由寧波鎮海港口坐輪到上海，只要一夜（或一天），所以全程如無意外，總共三天一夜行程。在那戰亂時期，遍地烽火，能夠找出一條平安路線，還真不易。

溪口鎮，面臨剡江，背靠雪竇山，是個山明水秀、景色宜人、具有古樸風的歷史名鎮，我之選擇溪口而不選寧波為旅程的終點，也是半個月後回程時的起點，就是為了要想親睹這塊勝地的風光，所以找了一家具有古風的木造樓房旅館，決定在這兒投宿過夜。

我把曾經二次到訪溪口的原由，向經國先生作了說明，似乎引起了他的思鄉之情，便問：

「你去看了哪些地方？」

「我從溪口沿著剡江的大街，由西端到東端，來

回走了一趟，街道是用青石條塊鋪成，走在上面有舒適感。我看了玉泰鹽鋪、豐鎬房的原址，房屋顯得有些老舊，大門都用雙鎖關閉，不得其門而入。走到蔣氏宗祠，門牆依然莊嚴，但也同樣雙門緊閉，無法入內觀看。」

我據實回答，好像使院長稍有興趣，他又問：

「你去看了小洋樓沒有？」

「去啦，但是通往洋樓的小徑，有扇小門，也是鎖著，無法通過。倒是武嶺學校雖已停課，但還可以入內，所以進去參觀了一下，校園房舍依然整齊。這些都是三十多年前的往事，我的記憶可能有些模糊了。」

我看了一下手錶，已快接近四時三十分，回到辦公室後還有很多公文待理，便說：「如果院長沒有別的吩咐，我現在能否告辭？」

「好，等我銷假後回院再見。」接著又說：

「你兒子看病的事，到時榮總會和你聯絡。」

我再三道謝後，離開了慈湖。

再過了一段時間，榮民總醫院果然給我電話，說明次日上午九時，程教授為我兒子診病。到時我帶了尚文和臺大醫院病歷前往，經程教授診察及各種測驗後，沉重表示，尚文不可能在智商上會有任何進步，不應讓他結婚，防他出現暴力傾向等善意忠告。結果數年後，在臺灣省立南投啟智教養院不幸意外死亡。

我兒無緣蒙福，但經國先生的德意，永遠銘感難忘。

十、三總探病

六十五年十一月十二日國民黨第十一次全國代表大會在陽明山揭幕，一連七天，每天一早上山，傍晚回臺北，直到十八日閉幕。由於閱讀太多文件，晚上還要處理公文，大概使用眼力過度，次日正常到院上班，打開卷夾，突覺眼前金光閃閃。先是十幾秒鐘後金光消失，但一個多小時後，金光在眼前繼續出現，而且有些頭暈，意識到這現象並不正常。

我立即打電話給三軍總醫院，與有過一面之緣的眼科部主任文良彥大夫，告知狀況。他要我馬上過去，約好十一點鐘為我詳細檢查。

我準時到達三總，文主任已在等候，隨即進行徹底診察、檢查，費時大約一個鐘點，然後沉重地說：

「副祕書長，你得的病是視網膜剝離，是眼科病中極嚴重的病例。你現在就不能離開，明日就給你開刀動手術，以免貽誤。」

　　我聽了頗為震驚，但心想，文良彥大夫是剛從美國回來的眼科名醫，不會故意誇張來嚇我。可是要我現在留下，勢不可能，所以我說：

　　「謝謝文大夫給我仔細診察，但是結論來得太突然，我沒有心理準備，也沒有公務上應有的準備，因之我現在必須先回辦公室，向長官報告並請病假，同時我也要告知我太太作必要的事務準備。此刻時間已過十二點，請同意讓我離開，今晚或明晨再來辦理住院手續，可以嗎？」

　　「我只能勉強同意，但你座車行駛速度不能超過十五公里，平穩地在慢車道上駕駛，不能有顛簸或急煞車等狀況，避免眼睛受到任何震動。上車下車更要

小心。還有你最好今晚就辦好住院，因為延遲一天做手術，就會增加手術耗用時間多一小時。」

文大夫如此諄諄叮囑，我怎能不聽從。於是吩咐司機小心慢慢駕駛。由於開慢車，回到行政院大門口，已經下午一時，門房值班人員看到我行動極度緩慢，立即通知我辦公室工友下樓迎接，扶住我身體緩慢步上樓梯，一步一停，花了將近十分鐘，終於進到我的辦公室，幫我坐到沙發椅內休息。

下午不到二點，院長已到辦公室，我聯絡院長室的鍾參謀說我要立刻晉見，當我由工友扶持站在他辦公室門口時，他也覺得有點奇怪，先讓我在近旁的椅子坐下，問我究竟，我把上午三總文大夫為我檢查眼睛的經過和結果，作了簡要報告，院長聽了之後，二話不說，當場指示：

「治病第一，立即住院。」

我回到自己辦公室，整理滿桌公文，分類該送院長室或祕書長室的、該送各主管組的，或該交文書科繕發的，一一料理清楚，請祕書室的一位同仁過來，交代明白。然後填了一份請假單，送給人事室，暫先請假一個星期。再後撥了電話給內子，她在財稅資料處理中心上班，告知突發狀況，請她馬上回家，面告詳情。

　　在內子幫助下，做好了住院一切準備事宜，兩人登車駛往三軍總醫院，行車速度之慢，內子十分訝異，總算在下午五點，到達醫院。

　　文良彥主任大夫非常滿意我能當日回到三總，立即替我辦妥住院手續，進入病房，並交代助理醫師次日上午就為我進行手術，不能延誤。

　　內子寸步不離，陪我在病房過夜。第二天一早八點未到，文大夫率同醫師、助手、護士等來到病房，

把我病床推往手術室，內子在外守候。進了手術室，麻醉師即刻給我全身麻醉，以後的事，我就一概不知。

　　逐漸甦醒，人已躺在恢復室，內子在我病床旁邊，對我說，文大夫告訴她，手術相當圓滿。稍後護士把我病床推回病房，正好中午十二點。接著文主任也走進病房，按著我的肩膀說：

　　「這一週內，你必須平躺仰臥，不能有任何動彈。」

　　我很服從大夫的叮嚀，當真一動不動，右眼貼著眼罩，左眼看著天花板，目不斜視，連翻身側睡都不可以。

　　到了第四天上午十時，內子回家更衣，留著姨妹家瑜在病房照顧，幾分鐘後，護士進入病房說：

　　「院長來啦！」

姨妹以為醫院院長要來，哪知護士又補一句：

「蔣院長來啦！」

家瑜立刻站起，走到病房門口迎候，正好蔣院長跨進病房，家瑜非常機伶，先行開口說：

「蔣院長好。我姊姊剛剛離開病房回家，我是她的妹妹，留我在此陪侍姊夫。」

蔣院長回以微笑，逕行走到我的病床旁邊，注視我的臉色，此時家瑜端了一把椅子，但院長並未就座，卻對著我說：

「你的病情，醫院已經向我說明，手術過程順利，結果圓滿，一切可以無礙。」

我看到經國先生親自蒞臨，內心已感不安，他又溫言慰問，更覺愧疚。但我只能朝著天花板答話：

「感謝院長，勞駕親來醫院，實在愧不敢當。」

院長接著又說：

「前一陣子，你是辛苦了一點。」

「那是應該的。」我依然謙遜地回答。

「好啦，你要安靜養病，不要為公務操心。」

經國先生用無限關愛的神情，叮嚀了兩句，然後緩步離開了我的病房。

在三總醫院住了十天，文主任同意我出院，恢復正常辦公，但仍囑咐之後三個月內避免劇烈或繁重的動作，並且每個月回診。

我是很聽醫生話的病人，當然一切照辦，同時我也成了戴眼鏡的人。

但經國院長臨行時的兩句話，我聽得每一個字都清清楚楚，而且還有熟悉感。三秒鐘後，我突然想起，半年前，財政部李國鼎部長患心肌梗塞症，急入榮民總醫院就診。經國先生聞訊，要我代表他當天就往榮總探望慰問。他對我說：

「K.T. 心臟病發，昨天住進榮總，

我想請你今天代我前往問候，

請他安靜養病，不要為公務操心。

還有別忘了，

讓第七組預備水果，攜往致送。」

我當然立即遵辦，於當日下午三時抵達榮總，其時李部長正在休息，由李夫人及公子接見，當我把蔣院長意旨一字不漏全部轉達後，告辭退出，回到行政院復命。

孰知當晚八時，我家來了兩位稀客，一位是財政部主任祕書王昭明兄，一位是財政部國稅總局局長陸潤康兄，兩位來得突然，所以我請問有何指教。

王兄直說：

「聽說老兄今天去了榮總？」

「是的。」

「是代表院長向李部長探病慰問？」

「是的，也代院長轉達請李部長安靜養病，不要為公務操心。」

「那院長是否暗示要李部長辭掉部長？」

「我並不認為蔣院長有此用意，我所傳達他的兩句話：『安靜養病，不要為公事操心』，你們怎會有別的聯想？」

「媒體已在傳言，說李部長與蔣院長意見不合。」

「你們相信媒體的八卦嗎？」

同一個人出自同一個口，說著兩句完全相同的話，卻被解為不同的用意，原因歸諸於媒體八卦，我只能說：

「人言可畏！」

十一、善意的「被請辭」VS
　　真的「被請辭」

　　六十六年四月十八日，發生一樁意外不幸事件，教育部和國民黨知識青年黨部聯合邀請各大專院校學生參觀即將竣工的蘇澳港建設。本是一件意義良好的活動，但由於接待單位準備工作過於粗糙、草率，完全忽視參觀人員的安全，並無適當防護措施，以致學生及教職員乘坐的船隻剛一出海，就被海浪沖激而翻覆，造成三十二人溺斃慘劇，電視播出的驚恐畫面，立刻成為當天最大新聞。

　　當天將下班前，院長悄悄地對我說：

　　「我已讓 Y.S. 立刻引咎辭職，這是為他好。」

　　而當時電視正在播出蔣彥士部長在蘇澳碼頭一副

愁眉苦臉的畫面，可能他還未瞭解院長對他的善意，所以院長又對我說：

「你去告訴他，要他振作起來。」

晚上我想盡方法，找到了彥士部長，把院長對我所講悄悄話的善意，全部轉達，總算得到他的體會。

第二天全國報紙大幅刊登翻船事件的經過，同時各報對教育部蔣彥士部長引咎辭職大加讚揚，很多報刊還專寫評論，認蔣部長的辭職，為政務官負起政治責任，立下良好典範。

以我近旁多年觀察和瞭解，經國先生刻意培植Y.S. 遠在挑選李登輝為副手之前，蔣李二人都是農業博士，但蔣的學養和資歷，都在李之上。所以多次政府人事上的重要變動，都會考慮蔣彥士的安排，李登輝是後來的異軍突起，在排名上，還不能與蔣相提並論。（李的被提名為副總統候選人，後文有詳細記

述。）

　　Y.S.（一般人多喜歡用他英文名字的縮寫給他的暱稱）性格忠厚誠實，為人熱忱，樂於助人，任何人拜託他成全任何事，幾乎有求必應，因之我常說他是「爛好人」，這是他為人的很大優點，但也是極大缺點。

　　媒體的一致讚譽，讓 Y.S. 體會到他「被請辭」善意的一面。李元簇接任教育部長的交接典禮上，看不出 Y.S. 臉上有絲毫頹唐的神情。

　　果然不到一年，經國先生當選中華民國第六任總統，隨即任命蔣彥士為總統府祕書長。時隔半年，因中美斷交，外交部沈昌煥部長辭職，蔣彥士又於十二月十九日被任命為外交部長。再過一年，更又出任中國國民黨中央委員會祕書長，時論大都譽為最受蔣經國總統器重的當紅政治人物。

可惜，勳華鼎盛，好景不常，大概有些事使總統不悅甚至不滿。七十四年二月某日，總統經國先生（其時我已調任總統府副祕書長）對我說：

「Y.S. 真讓我痛心，我已准他辭去中央黨部祕書長。這裡有一份國策顧問的聘書，請你親自送去給他當面親收。」

我一看果然是國策顧問的聘書，我帶著有些疑惑的口吻說道：

「過去慣例，中央黨部祕書長卸職，總統府向以資政名義聘任，這樣對他是否稍感委屈？」

哪知總統答道：

「你儘管給我送去，他自己知道，這樣已經很好啦。你還要對他說，希望他好自為之。」

我就拿著那份很莊嚴的大信封套辭出，一直還想過去未曾見過總統如此一臉肅然，頗有「愛之深、痛

之切」的不捨。

　　去中央黨部路上，我又回憶到不久以前，總統曾對我說過，中央黨部已經二次提名蔡辰洲為下屆立法委員候選人，總統已二次退回，但又第三次提名，還說非蔡不可，否則選情可能崩盤，使經國先生極為不悅。

　　座車到達中央黨部，進入祕書長室，看到蔣祕書長正在忙於收拾書籍、文件、資料等，由工作人員幫同打包裝箱，完全是在準備離去的樣子。於是我說了聲「打擾」，便把聘書的大封套親手遞送給他，可能他已知道內容，只說了一聲謝謝。我也只說了一句：「總統還是很關心你，並說希望你好自為之。」

　　善意的「被請辭」與真的「被請辭」，前後不到十年。

　　〔按：蔣彥士先生之後於李登輝總統任內，頗有

「東山再起」的氣勢，但不在本書記事之內，恕不贅述。〕

十二、臨別贈言

　　經國先生既於六十七年三月二十一日由國民大會高票通過當選為中華民國第六任總統，他原任行政院院長職務，依憲法規定，應向第五任總統請辭，全體政務委員及部會首長亦應隨同總辭。

　　六十七年五月十八日行政院第一五七九次會議，是經國先生擔任院長任內最後一次主持院會。會議開始，首先處理總辭案，當經通過後即日呈報總統（時為嚴家淦總統）。然後依照會議議程，將報告事項及討論事項一一處理完竣後，蔣院長很莊嚴地從座位上起來，即席發表臨別贈言的致詞。

　　先前一日，院長對我說：

　　「我說過，院會時不需講稿，

但明天的院會不一樣，

那是我任內最後一次主持的院會，

應該有臨別贈言的表達，

所以你還得要為我準備一份講稿。」

我立即回應遵辦，下班前呈閱。

可是院長又補上一句：

「講詞多一點感性。」

可敬的多情多義長官，時時展現對部屬的情感與愛心。六年來的追隨，我已能夠深深體會。

雖然他是照著講稿發聲，但絕對不像在讀文件。他能善用講詞中情節的高低起伏，調整節奏，抑揚頓挫，讓致詞成為有聲有色的一篇演講。

院長用他感性的語調，說他在臨別之前，有些感想要向全體行政同仁道出。他首先謙虛地認為過去六年來應該多做而做得不夠，應該做好而做得不盡理

想，所以心中覺得有著沉重的愧疚。他回想當年大力推動行政革新，向全體行政人員提出十項革新要求，為的是要行政人員在民眾心目中，重建一個新的觀感和新的形象，受到民眾的信任和重視。

經國院長也提到國家當前處境極為艱苦，他腦中時時刻刻思想的只有二事：一是致力國家建設發展，使我中華民國能在艱危之中得以復興，不負大陸同胞及海外僑胞對我們殷切的期望。二是要妥善照顧復興基地全體同胞能夠家家戶戶安居樂業，過著自由平安的生活。不過現在想來，他自問良心，尚多虧欠，所望將來，能用更大決心，作更大努力，來彌補既往的不足。

他感謝行政院的全體同仁，與他朝夕相互共勉，協力同心，共為復國建國任務，奉獻一切。他願與所有行政同仁共策共勉，繼續作志同道合的反共鬥士，

朝著同一目標，一起迎向反共聖戰的最後勝利。

致詞完畢，全體與會人員起立鼓掌，向蔣院長致上無盡的敬意。

會議結束後，大家一起走到樓下大會堂，參加行政院全體員工為蔣院長舉行的歡送茶會，經國先生又不免跟大家說了很多感謝的話，會上充滿了依依不捨的離情。末了大家推舉一位女性同仁，代表全體員工講話，她說了很簡單的幾句話，但語重心長，感動了全場人員。她說：

「院長盡瘁國是，為國勤勞。我們都知道，他朝朝暮暮都很辛苦，為國家大政操心煩神。我們唯一願望，院長，對不起，應該稱總統，務必注意身體，多多保重。敬祝總統政躬康泰，福壽無疆！」

全場響起了爆炸似的掌聲，她一鞠躬下臺，院長走過去，與她握手，向她致謝，熱烈的掌聲，仍未停

止。

　　一位老同事，他在南京時（民國三十六年），就進行政院服務，他說三十多年來行政院更換了許多首長，但從未見過如此動人場面。

　　最後全體出、列席行政院會議的人員，集合在行政院大門之前，與即將離任、也是即將就任總統的蔣經國院長合影留念。現在看來，照片中二十六位大員（尚缺當時因公出國的中央銀行總裁俞國華先生），至今尚在人世的，祇有二人，一是當時的行政院新聞局局長丁懋時，臥病在醫院，另一就是本書作者、當時的行政院副祕書長，勉可行走，或執筆為文，真是上帝的恩典。

　　回顧昔日情景，滄海桑田，不禁感慨系之。

十三、更上層樓

六十七年五月十九日，中華民國第六任總統就任的前一天，經國總統與我有一段感性的談話。

他首先說：

「時間過得很快，

一晃六年過去了。」

「那是因為您高瞻遠矚，決策明快。又把各項政策積極推動，順利進行，所以感覺上會覺得時間過得很快。」

我這樣回答，並非當面恭維，而是大眾都有同樣的感覺，亦即順勢而為，往往不知流光之逝的快速。

他問我：

「六年中，你認為我們有哪些當做而未做的事？」

我又簡單地回答：

「您審時度勢，有為有守，已經為所當為。但有件相當重要的案件，您卻遲遲未有決定，既未交由政務委員審查，亦未批提行政院會議，不知何故。」

「你指的是哪件案子？」

「經濟部報院的《臺灣省北部防洪治水計畫》，我知道那是經過許多水利專家學者共同研商，做過多次水文測驗，歷時數年，從三十多個方案中擇定，以二百年洪峰為防洪標的的一個重大計畫，送呈院長室已有二個星期，尚無批示。」

「喔，你說的是防洪治水計畫那一件，

　　　我是特別把它留下，

　　當作未處理政務案列入移交案內。

　　　移請未來新任院長處理。」

我略表疑惑，於是他又說：

「因為這個案子是經濟部孫運璿部長親自決定，

他即將接任行政院院長，

由他來完成本案的全部法定程序，

可有前後一貫、畢其功於一役的成就感，

所以我要把本案列為政務移交，

你說好嗎？」

我真沒有想到，這位長官具有這麼珍貴的仁心，在一件照例公事公辦的案件上，如此用心照顧後任首長的政績。所謂「己欲立而立人，己欲達而達人」的襟懷，在他身上表露無遺。所以我說：

「您的卓見，非常敬佩。」

接著，經國先生又鄭重地說：

「我要你同去總統府，

請你擔任總統府副祕書長，

因為我不但在工作上需要你，

在感情上我也需要你。」

末後的二句話，似雷鳴般進入我的耳際。平時他從未對我的工作當面嘉許，而現在的二句話，卻讓我感動、震撼得坐立不安，幾乎想說「赴湯蹈火，在所不辭」一類矢忠效愚的話，但還是抑制情緒，只說了一句：「一切遵從您的安排。」稍後我想，那樣回話，似乎冷漠了一點。因為他最末的二句話，不就等於總統與我，不僅是工作伙伴，也是感情的伙伴，至少要有點感性的反應，說一句類似「引以為榮」的客套話，但我竟吝於表達，顯示我還不夠老練，倒是應了院長當年說我是「年輕的副祕書長」的舊話。

但是經國總統並不在意我的答話，繼續又說：

「我想調王塿和去擔任總統府會計長，

　　你認為合適嗎？」

我略加思考，回報說：

「恐怕不太合適，因為會計工作，需要具備會計學的專門知識，擔任主管更要豐富的歷練與經驗，但王組長並不具有這樣條件，所以他並不適合擔任會計長。不過王組長做事公正，為人圓通，讓他去當人事處長，倒很相宜。」

總統點點頭，說：

「你講得對，就這樣辦。」

而我繼續又說：

「至於會計長一職，現任本院會計室主任俞學漢，一直都在主計系統工作，做事精細，盡職負責。譬如他為遵守您的財務公開指示，每月都把院長的特別費收支，作成明細表，在下個月一日，公布在布告欄，讓全院同仁觀看閱覽，六年來從未間斷，頗具務實要求，把他調任總統府會計長，定能稱職。」

總統未曾想到我會反對他的想法，而且另提意

見，但又覺得確較適宜，所以立刻說：

「完全同意你的建議，

明日就發表。

但另有一事，我忘了告知，

你要在行政院多留十天，

替我辦理移交事宜，

所以你要延至六月一日才去總統府報到。」

我立即鄭重地回答：

「悉聽命令遵辦。」

接下去十天，除了第二天參加第六任總統、副總統就職典禮外，全部留院辦理移交事宜，忙著和有關單位詳細核計，編造移交清冊，共有印信、財產、財務、人員、檔案，與駐外單位通訊專用密碼，以及政務移交及年度未用預算賸餘等等十大冊，蓋上院長移交專用名章，於五月卅一日全部點交給行政院新任馬

祕書長紀壯核收。

六月一日，於任務完成後，向總統府報到，就任
總統府副祕書長新職。

十四、陌生面孔好辦事

六十七年六月一日上午八時卅分，我到介壽館總統府大廈三樓晉見總統。他的辦公室在大廈中央靠南一排房間的第一間，進門先是候見室，再是小會客室，然後一段短廊，接著一大間，便是現任總統的辦公室。

武官幫我先敲門二下，然後推門進去。總統見我來到又從座位站起，好像要過來迎我。於是我快步走前請他回座，我則坐他桌前有扶手的靠椅。

總統的精神氣色都很有光彩，他先說：

「很好，很好，

今後我們還可繼續一起工作。」

我接著說：

「報告總統，行政院移交事宜，已經全部辦妥。」

總統說：「謝謝。」

緊接著又說：

「很多事慢慢再談，

但現在先有兩個我的決定，

須由你去切實執行。」

「請總統明示，我必盡力遵辦。」我認真地回答。

總統說：

「那都是府內的事，

一要嚴格執行本府下一年度的預算，

二要撤消內務科，一切回歸正常建制。」

我聆聽之後，對總統的大公無私，內心敬佩不已。這二項指示，都在府內，看起來執行並不艱難，但內情卻相當複雜。因為：

（一）總統府民國六十七年度預算，早經立法院審查通過，那是一個非常緊縮編製的預算，原因是依

循過去歷年成例，許多項目的費用，概由同在介壽館辦公的國防部支應，所以歷來總統府的歲出預算，都很簡省。現在總統決定本府開支費用，一應由府自行負擔，不得由其他單位支應，亦不得辦理追加預算。因之下一年度總統府本身必須緊縮所有費用支出，用克難方式度過節約儉用的一年。

（二）內務科實質上就是「士林官邸」。在蔣公逝世前，有其實際需要，不僅對內不必接受府內各主管單位節制，對外也可以「官邸」名義逕行處理公務。所以內務科不僅成為總統府的化外單位，其他政府機關及社會各界也以特殊眼光看待。蔣公辭世後，內務科仍然存在。但經國先生就任總統後，認為不正常狀況應予糾正消除，回歸正常體制。這樣嚴守公私之分、光明磊落的明智作為，誰能不表心悅誠服？

由於上述原因，對於第一項指示，我在府內成立

了一個「經費支出審核小組」，由各局、處、室主管為成員，凡請求單筆支出在二千元以上者，必須經過小組審查同意者方可動支，每月支出金額，由會計處製表請小組審閱，務期全年不必追加預算。

至於第二項指示，我認為是個命令，沒有商酌餘地，所以先向總統報告，請總統親自下個手諭，明示撤消內務科，以便執行，總統同意。

結果總統手諭第二天就頒下，於是我約集第三局陳局長履元、人事處王處長堃和，及會計處俞會計長學漢等會商，一致同意本案務必在當月份（六十七年六月底前）執行命令完畢，也就是在下個會計年度前完成任務。

經過研商，執行步驟必須合法、合情、合理，三者不能缺一，且以不引起爭執為前提。乃約定六月中旬某日（已忘確切日期），我與其他三位率同有關人

員，一同前往士林，辦理執行總統命令事宜。

原內務科長某君（已忘其姓名）及該科員工已在「外會客室」等候，我與他握手，致上慰勉多年辛勞之意，並出示經國總統親筆手諭，簡單說明今日來意。該科科長態度和善，深明大義，表示既是經國總統命令，自當一體遵辦。

再後接連數日，第三局、人事處及會計處三個單位，各派幹員二人，會同前去「士林官邸」辦理財產、土地、車輛、油庫、財務及人員等列冊，分別交由上述三單位接管，回歸正常建制，並商定了茲後士林處理各項事務，與府內各單位聯繫辦法，一切順利完成，以後再無「士林官邸」名稱。

等到我向總統報告經過始末，總統對我微笑，用家鄉話只說了一句話：

「陌生面孔好辦事。」

十五、再傳悄悄話

　　政府自民國六十三年起，利用暑假期間，每年邀請海外知名學者、專家、教授等數十人或百餘人回國，參加國家建設研究會，共同研討國家建設發展的方針和策略。

　　以海外學人們豐富的智慧、學識、專長與經驗，針對國內已有的基礎及潛力，提供進步務實的建言，每年會議結束時，均能提出個別項目或綜合性的具體意見報告，供給政府參酌採納實施。

　　由於國家建設研討會的學人們，都是本著愛國熱忱，分別參加各研究組（大致分為國防軍事、政治外交、財經建設、教育文化等），每日進行研討，人人竭智盡忠，發表宏論，所以政府各部會首長也無不參

與相關小組，或注意聆聽，或加入討論。行政院院長更是不停巡迴各個會議場所，聽取意見，因之，國家建設研究會幾乎已經成為政府公開的智庫、社會視聽的焦點，會議所提報告，受到政府高度重視，在其連續舉行的十多年期間，對國家建設作出了極大貢獻。

六十七年八月間，行政院孫運璿院長某日蒞臨「政治外交組」旁聽，其時小組成員正在熱烈討論國家處境及中美關係。由於當年盛傳美國即將與中共建交，因之很多學人論及海峽兩岸關係，認為須有長遠的策略規劃，其中有幾位學者，提出以我中華民國的革新進步，來影響大陸的和平演變，逐漸促成兩岸的和平統一。發言者高談闊論，頗能吸引在座者和新聞界的注意。

可能當時孫院長也在會場，被新聞界媒體人員發現，認為今日議場話題，較為敏感，所以媒體紛向孫

院長採訪，請他表示看法。

旁人並不知道記者問了什麼？孫院長答了什麼？但次日各報都有報導，內容雖不盡同，但大致都認孫院長對學人所提促進大陸和平演變的說法，不失為一選項，而表示認同。

那天是星期四，上午八時半剛過，我將前往行政院參加院會，正要出發，總統武官來了電話：「總統有請。」

於是我先進總統辦公室，總統對我說：

「今天你去行政院，

請你傳個口訊給孫院長，說：

『兩岸關係極為複雜，

任何方案，

在時機未成熟前，

政府最好不要發言。』

請記得，務必在院會之前，

　　把這幾句話，單獨傳達給孫院長。」

　　當時因時間關係，不及作何請示，我祇說了「遵命」兩字，就離開總統府逕赴行政院。

　　坐在車內，有些錯愕，也勾起了十年前同樣傳遞了一句悄悄話的回憶。那時傳話的對象是教育部蔣彥士部長，傳話內容也僅是「被請辭」與「非被請辭」的人事問題，無關大局。但今天命我傳話的對象，卻是上任不久的行政院長，內容更有關國家大政方策，內心稍感不安。

　　但是轉又想到，總統處事一向穩重妥適，既然命我傳話，自然有其必要性。乃就斟酌將在幾分鐘後的傳話措辭，如何表達得誠實與得體。思考間，座車駛達行政院門口，時間是八時五十分，尚稱充裕。

　　我快步走上二樓，逕赴院長辦公室，正好有位同

仁開門出來，我就請他通報，我有要事現在要面見院長，幾秒鐘後他說院長有請，於是進到室內。孫院長見到我突然到訪，連忙從座椅站起，過來與我握手，互道早安。他先開口問道：

「祖詒兄駕臨，有何指教？」

我就委婉地說：

「不敢當。剛才來時，總統臨時囑咐，要我在院會之前，傳達給院長幾句話。總統交代幾句話的原文是：『兩岸關係，極為複雜，任何方案，在時機未成熟前，政府最好不要發言。』我奉命要傳達的話完畢，請院長鑑察。」

當時孫院長未及思考，即時回答：

「感謝總統關愛，我們一切都會慎重，請總統放心。」

我們一同走出他的辦公室，步向會議廳。

那天院會議程並不太多，孫院長神情稍帶嚴肅，很快處理完畢，時間不到十時卅分。

我回到總統府，先去晉見總統復命。

「今天早上總統交付傳達的話，我已遵命在院會之前，單獨向孫院長報告，他說感謝總統，也請總統放心，他會一切慎重將事。」

總統擱下手上的文件，緩慢地跟我說：

「孫院長就任不久，我要保護他不致受到外界給他太多的困擾。」

三言兩語，我就清楚總統對孫院長關愛之深。對於特定問題如何適當表示，他們之間如何達到共識，我不得而知。但之後六年孫院長任期之內，經國總統對孫的倚重、信任和支持，讓孫作出亮麗的政績，獲得各界讚譽，則是有目共睹。

一言而可以興邦，有諸？孔子曰：「言不可以若

是其幾也。人之言曰：『為君難，為臣不易。』如知
為君之難也，不幾乎一言而興邦乎？」

　　這是中華文化傳統治國之道中簡單的一項要訣，
值得深思。

十六、天上掉下的榮幸

　　民國六十八年九月某日（確切日期已忘），總統
對我說：

　　「想請你去趟金門。」

　　「今年三月我已陪總統去過金門。」我答。

　　總統又說：

　　「這次不一樣，是要請你們夫婦二人，

　　　陪同一對老年夫婦去金門訪問，

　　　他們是張漢卿先生和趙一荻夫人。

　　　因為張漢卿想看看金門的砲兵陣地。

　　　我已交代國防部妥為安排接待，

　　　後天一早專機起飛。」

　　我聽了暗地大吃一驚，張漢卿不就是張學良嗎？

讓我們夫婦去陪這位歷史的傳奇人物？我幾乎帶著疑惑的口氣冒昧地請問：

「我合適嗎？」

總統未加思索，立即回答：

「合適！」

看來此事，總統的安排已經確定，我祇好說：

「那就遵辦，我還得通知內人，作好準備。」

下班回家途中，我一直在想，「張學良」這三個字，我從初中起就有深刻印象，他是日軍侵犯瀋陽時「九一八」事件的「不抵抗將軍」。但他又宣布東三省易幟，改懸青天白日滿地紅國旗，表示歸順中央，全國輿論又一致讚揚，並稱他為少帥。再在幾次中原大戰中，「少帥」威名大振。其後他和楊虎城在陝西「兵諫」，劫持蔣委員長，演出了一齣「西安事變」的鬧劇，被指為「叛徒」。但在多方斡旋下，委員長

被釋，而他竟又自願伴隨委員長同機飛赴南京，於是展開了他後半生的幽禁生涯，也博得了世人給他的同情。

我奉命要去陪伴這樣一位起伏多變的歷史人物，我真不知該用怎樣的態度來應對。我自己得到一個結論，既然是要陪貴賓，那就依禮相待，主隨客便。

第二日一早，不到八點，我和內人到達松山機場空軍基地。一進候機室，看到馬安瀾將軍已先在座，他是東北人，陸軍二級上將，現任副參謀總長，他是代表軍方來歡迎張學良先生夫人訪問金門。

不久，張氏夫婦到達松山基地，馬將軍及我夫婦走到門口迎接。其時專機已經升火待發，空軍官員引導我們一行五人直接登機。氣象官報告，當日天氣晴朗，松山、金門兩地均無濃霧，是難得一見的好氣象，大家都說是托「少帥」之福。

經國號專機準時起飛，我們三人各自報名介紹本人，寒暄完畢，張氏首先詢問金門防衛一般狀況，當然概由馬將軍簡答。張夫人趙一荻女士是虔誠基督徒，與我內人具有同樣信仰，談得頗為投契。所以我暫時清閒，倒也自在。

航機十時平安順利飛抵金門，金防部司令官蔣仲苓上將以及各位副司令官以及多位高階將領，已在機場迎候，又經一番自我介紹，同進簡報室，先聽政治部主任報告當日行程，然後各自登車出發。

首先參觀的是聞名世界的金門坑道，在那高達萬丈的花崗岩下全用人工開鑿。坑道又分水道與陸道，縱橫交錯，四通八達，主要是供戰備物資在作戰時期運輸遞送。我們坐的吉普車在寬敞的陸道上行駛，全無顛簸感覺。因為時間關係，不能暢遊坑道全程，就即轉往金門砲臺參觀。由於少帥是砲兵科出身，所以

對加農砲的火力及射程特有興趣，而且提問很多有關砲戰的軍事技術問題，都由金防部的將軍們解答，少帥表示極為滿意。

中午，金防部司令設午宴於位在坑道內的擎天廳，除了我們五位來客之外，金防部的高階將領全部出席作陪。在等候入座前，我和少帥坐得較近，所以開始有了交談。少帥首先發言，他說：

「張副祕書長，辛苦啦，讓你勞駕過來作陪。」

我聽他說話口氣，頗有禮貌，所以我就答道：

「漢公，您長我十八歲，我是晚輩，請您不必稱我職銜，直接呼我名字就可，行嗎？」

漢公聽了呵呵一笑，爽快地說：

「好！就這樣辦。祖詒兄，那我問你，我知道你是南方人，那是哪省哪縣呢？」

「漢公，您稱我祖詒便可，那『兄』字可以省

去。我的祖籍是江蘇省常熟縣。」

「喔！那是翁同龢宰相的家鄉，常熟出過不少狀元。」

「是的，單是翁府一家，就出了叔侄二位狀元。可惜翁相國晚運不佳，因他幫助光緒帝推行政治維新，被慈禧削官，遣回原籍由縣知事看管，每月要向縣衙報到。好在地方官員都是翁的門生故舊晚輩，不敢勞動相國老爺去縣衙報到，改為縣太爺每月去翁府請安。所以翁同龢晚年生活雖然淒涼，幸未受罪。」

我講的故事說到這裡，正好主人敦請大家入座，漢公還說以後再談。

午宴席上不免觥籌交錯，互相舉杯，但因下午還有行程，午宴提前結束，開始參觀古寧頭城堡、莒光樓、高粱酒廠、陶瓷瓶廠以及婦女工作中心等，屬於觀光性的遊覽，到下午四點三十分全程結束。少帥夫

婦顯然覺得此行十分愉快，所以登上座機飛回臺北時，少帥竟然呼呼入睡，一覺醒來，正好飛機停在松山基地停機坪上，夕陽已經西下，大家魚貫下機，互道再見，各自回家。

次日早晨，全國各大報紙，都以頭版頭條，報導張學良夫婦第一次自由行——金門之旅，詳細記述他在馬安瀾將軍和張祖詒夫婦陪同下，暢遊金門，並附有我們在古寧頭五人合影的照片刊在報紙首頁，一時我們陪遊的三人，也成了新聞人物。

上午我的第一件事，當然要先晉見總統，報告訪金門經過，但我還未啟口，總統卻先說：

「一切我都已知道，不必再說，

辛苦你啦。

倒是另有一個任務，還得由你去做。

漢卿非常寂寞，無人和他聊天，

生活上的孤獨感更加強烈，

所以從今以後，

我要你們夫婦經常去看看他們，

和他們談談天，說說話，或者逛逛街，

四處走走，自由活動，

就從後天中秋節開始。」

我聽了之後，不禁又是一驚，而且又是隨口再問：

「我合適嗎？」

總統又是重複一句：

「你合適。」

我猜想，對於這件事，其實在總統腦裡，早有這樣想法，也早有安排，所以我已無法推辭，祇有遵辦。

就從那次中秋節以後，我和內人就經常到臺北市郊北投區張氏寓所訪問，由於在金門暢遊時，我們已

有默契，他逕呼我的名字，我則稱他漢老，無形中縮短了兩人之間原本疏遠的距離。每次往訪，一荻夫人總是以親自製作的北方精緻茶點，親切招待，說明張氏夫婦確是熱心期待能有關心他的朋友。經常給他些許溫暖的關懷。

去的次數多了，我與少帥的聊天內容也較廣泛。他的言談也常充分自由表達，除了「西安事變」祇說他是千古罪人之外，其餘看來都是暢所欲言。我漸漸發覺，漢公記憶力極強，他對以往很多戰役的時間、地點、作戰參與的部隊番號、指揮官的姓名，以及戰爭時間長短，都記得一清二楚，說來如數家珍，從無遺忘。

我也發覺他的個性，直率豪爽，器局開闊，十足軍人氣概，而無北洋政府時代的僚氣，也不像一般政客的拐彎抹角，所以和他對談，氣氛相當愉快。我聽

他講過一段祕辛故事，他批評日本和蘇俄的情報工作都不及格，因為皇姑屯事件炸死老帥以後，他們不想讓少帥出關回到瀋陽，以便操控局面。但少帥冒險犯難的勇氣可佩，他竟喬裝打扮，化裝成農夫，先行潛至錦州，然後搭上京奉鐵路，悄悄到達瀋陽帥府。接著立即由少帥出面，正式替老帥發喪，讓日軍傻眼。因為這件事他自認足智多謀，所以他談這往事，仍有意氣風發的得意神態。

就是這樣，少帥夫婦對我和內人常去往訪，極表歡迎，每次和我們天南地北，無所不談。有時在他們家用餐，一荻夫人親自掌廚。有時也去外面餐廳，漢老喜食牛排和烤雞，於是統一、瑞華、誠品（當年有餐飲部）等西餐廳成了我們常去光顧之處，好在其他顧客認得張學良的人很少，所以並不感到困擾。有時更陪他們逛逛大街，每逢過年過節，還陪他們偶作方

城之戲，但因漢老視力甚差，所以他們府上有特製的大號骨牌，牌局也以十張為限，別饒風趣。

我經常會把我和漢老往還的情況向總統報告，總統感到十分欣慰，曾對我說：

「當時我請你擔負這個任務，沒有不合適罷？」

我只能唯唯稱諾。

我和少帥府上的往還，持續十餘年，直到他們移居夏威夷為止。之後二〇〇〇年一获夫人先離人世，再過不到二年，漢老也在夏威夷病逝。我因行動不便，未去檀島弔唁，是我一大遺憾。

我以接受這項特殊任務為榮，並不單因少帥晚年與我竟成忘年之交的光寵，而是總統的仁慈之心，不記國讎家恨，去關懷一位寂寞的老人，給他慰藉。而我有多幸，總統卻把這樣溫暖感人的任務，交付給我，我豈能不覺，那是一份特殊的榮幸！

十七、白話碑文

　　六十九年初夏某天，總統要我去他辦公室，手上拿著兩件文稿，卻對我說：

　　「恐怕你又要再去一趟金門。」

　　「總統要去巡視，我自當隨行。」我回答。

　　「不是我要去，而是要你去。

　　這裡我手上的文件，

　　是國防部送來要我核定的兩件文稿，

　　那是要用總統名義為金門兩項新的建設

　　花崗岩醫院和迎賓館即將落成時立碑的碑文。

　　你知道我不喜歡到處寫匾題碑，

　　但金門是前線、戰地，意義特殊。

　　可是這兩件文稿，我認為時地不宜，

所以要請你改寫，那你就得再去金門一次。」

總統說了那麼多的話，我沒有置喙餘地，祗能回報說：

「可否先讓我閱讀這兩篇文稿，然後稟報我的意見，請總統裁示。」

總統立即說：

「很好，就這麼辦，

但時間離工程竣工很近，不能太晚。」

我回答，下班以前，再來報告。

我把兩篇文稿攜回我的辦公室，仔細閱讀後，認為是極好的經典文章，四六駢體，高貴典雅，用作新建築物落成誌的碑文，並無不妥。

但是他們（包括撰稿人及國防部承辦人員）不知道總統常講的一個故事，拿破崙大軍橫掃歐洲時，每占領一座城市，張貼安民布告，必先經過一個僅識之

無的衛兵看得懂後，方予發出。我瞭解總統心理，也就是以他名義刻在牆壁上的碑文，如果大多數人都看不懂，那便是他顧慮的「時地不宜」就會發生。

另方面我也想到，要讓一般民眾看懂碑文，那就要用白話文體，但立碑撰文，自古以來的碑文，都是像那二篇文稿一樣的經典文章，當然那些時代還未通用白話文體。民國以後，新文化運動興起，白話文流行，但用諸於碑文，還不多見。

想來想去，我所知道的，祇有民國二十四年，胡適曾應傅作義將軍之請，為國軍第七軍團第五十九軍在大青山抗日作戰陣亡將士的公墓立碑誌念。胡適欣然同意，用白話文寫了將近千字長文，傅作義極為欣賞，還請錢玄同先生用正楷寫了全文，交刻石工匠鐫刻成為公墓墓碑，正擬正式立碑時，何應欽將軍（時任國民政府軍政部長）下了命令，所有抗日紀念物都

應隱藏，傅作義將軍祇能遵命，乃在已豎立的墓碑上加一層遮蓋，上面另刻「精靈在茲」四個大字。從此可能是我國史上第一面白話文體的碑文，於焉消失。

於是我決定遵照總統指示「要讓人看得懂」的旨意，嘗試改寫兩篇新建築落成誌的碑文，成為白話文體。

下班前我把我的思考回報總統，他立即通知國防部總政戰部，安排我去金門，察看兩建築物的地理形勢和周圍環境，當日來回。

隔日我把改寫的文稿送呈總統，我自認那是算不得很好的新型白話文章，祇能說較為淺近，易讀易懂而已。

第二天總統召我過去講話，他一開口，竟快樂地似兒童猜謎一樣，問我：

「你猜我核定採用新稿還是舊稿？」

還未等我回答，總統又說：

「我已核定採用你的文稿，

請你就把這兩篇新的碑文交給國防部，

要選用上等石材，儘快鳩工鐫刻。」

事情就這樣解決。至今那兩塊白話碑文依然存在，雖然建築物的原使用單位，已因改制裁撤。那就讓兩塊冰冷的花崗石碑留在原處，供人念舊罷了。

也許白話碑文的命運，就是這樣！

十八、盡在不言中

　　凡事不需語言溝通而有共同的認知，就能產生同樣對某項事務的一致看法，在中國的語文裡可以稱作「心照不宣」。在英文裡，有一片語「tacit agreement」，中文辭典譯為「默契」，兩者意義並無差別。而中文裡又有一句成語「盡在不言中」，在意境上更高一層，那就是毋須多言，就已瞭然。

　　總統平時交我撰擬文稿，我總要先請總統指示講稿的中心意義和重點。但總統對於一些非關國家大政的講詞，時常會有一句令人感佩的話。他說：

　　「你知道我要講些什麼話，你照寫好啦。」

　　我對這樣的指示，有二個反應。一是也許總統身體不適，對某些事情不想太過操心；二是總統對我的

信任，超乎常規，那我便應格外謹慎。幸好多年來，在這樣情形下寫的講稿或書面致詞文稿，並未遭到不適用而退稿，使我對總統所說「你知道我要講什麼」的這一句話，增加了我的自信。

或許這是「盡在不言中」發生了作用。

有一件事，非常特殊，不能不記。

七十四年將近年尾，我國駐美代表錢復奉召回國述職，除了應向執政當局外交部、行政院、總統府等各級長官詳細陳報近一年多來美國政情及我國與美國間關係的若干變化之外，也應立法院、監察院、國民大會等之邀，報告駐美工作情形。大多認為錢氏在美工作，極為辛勞，致予慰勉。又應新聞界邀請發表演講，闡述國際形勢，也獲各方讚許。

但他在返美前辭行時，卻與他的老長官，時任總統府祕書長沈昌煥先生發生歧見，沈對錢近日言論極

為不滿，兩人意見產生爭執（參見《錢復回憶錄》卷二第 353 頁至第 358 頁），不歡而散。未料沈祕書長立即電告外交部朱撫松部長，把錢氏近日在臺北的言論紀錄以最速件送到總統府，朱部長當即照辦。

當日下午，沈祕書長親自核閱，把紀錄中他認為不當之處一一圈出，命第一局劉垕局長簽報總統，並附函稿，請外交部加以糾正。依正常程序，這些文件都經過我的簽字，想當然沈祕書長本人自必照簽。

由於公文流程，最速件優先處理，所以下午三點，上述簽呈及致外交部奉諭對錢代表應予糾正的文件，都已到了總統桌上。

我正在想，這樣公文，實在給總統增添煩惱。二位都是總統愛將，都是在外交事務上的得力助手。總統如在這件公文上不簽字批准，那就取消這件公案，面子上當然使沈祕書長過不去；但他一簽字，公文發

出，隔日媒體必會報導，錢代表已經失去當局信任。兩者孰重孰輕，必讓總統感到無奈。

此時我覺得義無反顧，應以大局安定為重，我雖已在那公文上簽字，那祇算形式上的程序，但一旦總統核可公文發出，錢氏回到華府，他已被認為是位不受政府信任的代表，那他以後如何執行職務，後果不堪想像。

於是我走進總統辦公室，走到總統桌前，還未坐下，我就迫不及待地說：

「報告總統，剛才給外交部的公文，您已簽字，可否再加考慮？」

哪知我話未畢，總統突舉右手，手掌正對著我，似有要我暫勿開口的意思。他的左手已在按鈴，讓總統府祕書室主任王家驊兄入內，問他：

「給外交部的公文，現在何處，請拿回來，我再

看看。」

王主任很快回報：

「公文正要退還第一局，那我先拿來呈給總
統。」

相隔不過一分鐘，王主任拿著一個紅色卷夾，呈
給總統，總統從卷夾中把文件取出，打開右邊抽屜，
順手就把那件公文往抽屜內一塞，然後關上抽屜，暗
示留中不發，從此再無下文。

這件公案，就這樣「盡在不言中」處理乾淨完
畢。（《錢復回憶錄》中，說明此案提經某一高層會
議中無人響應而不了了之，諒係傳聞有誤所致。）至
於我和沈祕書長之間，雖然可能有些遺憾，因為總統
連任時，他要請沈昌煥先生擔任總統府祕書長，曾對
我說：

「我請沈昌煥來擔任總統府祕書長，

我知道你們二人交情不錯，

應該可以合作得很好。」

我答說：

「請總統放心。」

之後，我把剛才和總統的上述對話，轉告沈祕書長，並且我們二人當場作了一個君子協定：

「以後，凡是當我們二人沒有同時在場，總統吩咐的話，聽到的人，必定告知另外未聽到的人。」

這種「君子協定」出現在政府最高機關，而且我們二人信守不渝，也可算是佳話。

可是錢復代表的這個案子，我認為他無辜受屈，並不公道，而且真的由外交部明文予以糾正，他以後在美執行職務，必多阻力。因為一位不受自己政府信任的全權代表，如何負責與駐在國家洽商兩國間的事宜。事關國家榮譽，我未與沈祕書長洽商，就直接向

總統說：

「可否請總統對錢案再加考慮。」

而總統竟會如釋重負似的，向我一揮手，把待發公文取回，留中不發，把原案「盡在不言中」消弭於無形。這樣的處理經過，沈祕書長一定不悅。我沒有向他報告，有違「君子協定」，當然是我的失信。但一想事關國家大信，我也就無愧於心了。

談到「盡在不言中」的事例，直到四十多年後的今天，我自認少說了一句話，可能鑄成錯誤，至今感到愧疚。那是民國七十二年秋間，中國國民黨正在慎重考慮提名副總統候選人（全案過程參閱拙著《蔣經國晚年身影》第 177 頁到第 200 頁），其時各方（包括經國總統）屬意臺灣省政府李主席登輝者較多，其間若干關節，總統與我對此案題，雖無具體交談，但顯然具有「盡在不言中」的若干默契，我也隨之給李

不少暗助。但在關於李對中華意識的忠誠度上，有些疑惑，而在未定案前，未向總統報告，我至今認為是我的過失。所以我在本書第二篇〈思索篇〉中，作了坦誠的反省和分析。可能有些讀者認為我有偏見，但史績斑斑，無可隱諱，更無可逃避。

十九、中國統一與世界和平

　　經國先生於民國七十三年連任總統之後，國民黨中央及總統府內幾位愛國同志，又是擅寫文章的好友，如曹聖芬、楚崧秋、邵玉銘、劉垕，以及秦孝儀和我等，有鑑於經國先生在過去十三年執政期內，政績輝煌，創造出中華民國歷史上前所未有的建設發展成果。加上政治清明，民生樂利，被譽為「臺灣奇蹟」。

　　我們六位具有愛國熱誠，又對經國先生無限敬佩的好友，都認為總統應有親自具名、撰寫專書的必要。書中不僅闡述他報國的志節、「以天下為己任」的抱負、以民為本的治國理念，和中國近百餘年來歷史上受盡屈辱的憤慨，進而發揮中國未來前途應採的

政策方向，也可以自傲地介紹中華民國在臺灣進步實績，足供其他開發中國家借鏡。

我們假臺北市博愛路三軍軍官俱樂部開了三次會議，研討專書論述的軸心，試擬全書的綱目，並推定各章的執筆人。同時要我面報總統。

大家覺得，總統或可採納我們的建議，所以都在預作心理準備。孰知總統聽取我的報告後說：

「謝謝你們各位的好意，

但我要告知你們一件事，

我這一生中，

絕對不會出版自己傳記之類、

或是對國家未來作政治研判的書籍。

這點你應該有所瞭解。

所以你們的建議最好作罷。

但是我有我的政治主張和看法，

我會選擇適當時機和場合，

用演講或致詞發表我對國是的意見。

到時我會找你協助。」

總統用相當堅定的語句，說了上面一段很長的話，我就如實轉告諸位好友，大家不免感到失望。但大家都相信總統具有最高的政治智慧，他的決定不會有錯。

記得過去總統有一次和我閒談時，我曾提及他在早年親自寫的幾本散文創作，如《風雨中的寧靜》、《五百零四小時》、《在每一分鐘的時光中》等都是文情並茂的文藝佳作。我還說過：

「如果總統不走從政之路，專事文藝寫作，那現在您已是文學或詩詞大師了。」

我說的這二句插話，雖然無關宏旨，但可說明，經國先生是一位具有文化素養的政治家。

上述這段回憶，事隔數月之後，（大概是民國七十四年雙十節左右），那時美國已與中共建交五年，鄧小平在國際間展開對我強烈統戰攻勢，讓第二次世界大戰後，在東西冷戰的大戰略下所構成民主國家對共產集團的圍堵政策，開始出現了鬆動。

經國總統審時度勢，認有發表類似美國總統每年初向國會傳致國情咨文那樣重要文告的必要，所以在十二月中，總統與我有次長談。

總統說：

「明年三月二十九日，

本黨將舉行第十二屆三中全會，

我準備在開幕典禮時，發表重要講詞，

指出世局不安的癥結，

在於民主陣營認識不清，

不明共黨鬥爭和極權的惡質。

因之我想在演講中發出號召，

忠告自由世界，

勿對共產集團存有幻想，

免遺世界更大遺害。」

　　總統講述上面一段話時，言詞懇切，說明中華民國在國家建設發展上雖已創造出奇蹟似的輝煌成果。但是時時縈繞在他心中去探索和思考的問題，則是中國將有怎樣的未來？要有怎樣的方向和道路？如何能使國家長治久安？如何能使全國同胞永享自由、平安、幸福？如何能對世界盡其貢獻？

　　總統的話，句句語重心長，讓我極為感動。之後總統又說：

　　「這件講稿的撰寫，要請你代我執筆。」

　　毫無推諉餘地，我當然遵辦。

　　總統再說：

「過幾天我會把講詞的整個架構、層次、階段任務和全文的中心意旨，寫成大綱，交給你撰稿的參考。」

我立即回報：

「我當遵照總統交付的指示謹慎下筆。」

其後二個月期間，總統不斷關切、不斷詢問，也不斷有新的指示，直到一個月後，我提出初稿，總統還有新意補充，我遵照改寫，以至二稿、三稿完成，總統表示滿意，總算定稿。

這是我第一次，也是唯一的一次，看到總統對他的講詞稿如此專注，再三推敲斟酌，足見他對那次講詞的重視。最後定稿時，我複閱全稿，約可分成五個段落，講詞定名為「中國之統一與世界和平」。

首先是回顧歷史，中國在清廷統治下近二百年頻受列強侵略，至國父領導革命，創立民國，之後軍閥

亂國，國民革命軍北伐成功，統一中國，復因日本軍權囂張，發動全面侵華戰爭，幸有本黨先總裁、也是國民政府軍事委員會委員長蔣公中正，領導全國軍民，堅持抗戰到底，終於八年抗戰獲得勝利。不幸接著國共內戰，國軍退至臺灣，把整個中國關入鐵幕，構成中國的慘痛悲劇，也是世界人類的悲劇。

第二段講述本黨在臺勵精圖治，把三民主義在中華民國復興基地建設成果，向世界推介，讓世人瞭解，也讓世人思考，這樣成功史實給了世人什麼啟示。

第三段，指出共產制度危害中國的教訓，進而提問為什麼目前中國分裂為二，不能統一，讓十多億中國同胞都可享受安和樂利、自由幸福的生活？乃是三民主義仁政和共產主義暴政不同的結果。

第四段，分析本黨對世界局勢的看法，指明目前

自由世界對付共產威脅的決心和團結，遠遜於當年之對付納粹，是今日世局癥結的關鍵。

所以第五段，強力推介三民主義統一中國的方向攸關世界前途，掬誠忠告自由世界的朋友們，不能忽略亞洲赤化的長遠威脅，瞭解中華民國在復興基地奮鬥的意義，從而齊正自由民主陣營的反共戰略，方是世界之福。繼再昭告全球的中國人，包括鐵幕後的苦難同胞們，要一致奮起，用行動和力量，強固全面反共陣線，推翻共產極權暴政。最後特別正告中共幹部們，及早覺醒，徹底拋棄馬列，投誠三民主義，則中國統一可為，更能為亞洲與世界的和平與安定貢獻力量。

定稿後的講詞，總計約有一萬多字，總統考慮自己體力，未必能夠一次讀畢。於是吩咐我把全稿先送中央黨部馬祕書長樹禮，請他於大會上代為宣讀。

大會準時於七十五年三月二十九日在陽明山中山樓隆重舉行。司儀在全體委員就座後，恭請主席就位並致詞。

　　主席從座位站立，宣布大會開始，然後接著說：

　　「我有重要講詞，請馬祕書長代我宣讀。」

　　在會場一片寧靜的氛圍下，馬樹禮祕書長站到發言臺前，展開講稿，開始朗讀。本來照本宣科，原很平常，但馬祕書長讀來，嗓音宏亮，抑揚頓挫，句讀分明，把講詞內容讀得層次清楚有序，而且全稿一氣呵成。讀完全部講詞，費時一小時正，中間除了掌聲暫停外，未有一秒鐘間斷。最後全體委員起立熱烈鼓掌，良久始息。

　　司儀宣布休息十五分鐘，主席與馬祕書長握手致謝後，退至後臺休息室。馬祕書長則走下主席臺，進入會場，對我說：

「你知道嗎？我在家裡朗讀講稿，一共演練三次，每次計時不超過一小時，今日讀稿，已不覺太過困難，主要是你的稿子，寫得層次分明，又多口語化，少了很多壓力，所以要特別謝謝。」

　　我連說不敢當，其時我的座位四周，已有很多委員過來向我道賀，有說那是「可傳之作」，有說那是主席最莊嚴的一次宣示，足以代表全體華人的心聲。曹聖芬前輩同志還特別說，他要即刻寫篇專文，對主席今天的講詞加以闡揚。

　　第二天，國內早晚各報，無不以頭版頭條及社論，報導或論評蔣主席發表重要講詞，中央社更以要訊傳達全球各大通訊社，傳布蔣主席講詞的重點，闡明中華民國對當今國際形勢立場，也轉介國際間的反應供國內有關單位研參。

　　我知道，總統對於那次國民黨中全會發表講詞的

重要性，甚於著書立說。因他認為講真話、講實話的效果，要比書卷論道有力。

以國際重視度來看，中央社收到各國對總統講詞的評論文章，猶似紛紛雪片，總統真是做了正確的選擇。

而且那個時代正值西方圍堵共產陣營的冷戰策略出現鬆弛跡象，總統的講詞讜論，正如暮鼓晨鐘，予西方盟國有力的提醒，恰如其時。國際媒體，乃有熱烈反應。

所以凡是總統指示明確，我便把握要領，加上平時累積的一點默契，使之發展成為讓人容易看懂並吸收的文章或講稿，總統就必滿意。

二十、走馬換將談人事

記事稍稍回到二年之前（七十三年），總統就職之後，首先要處理的大事是行政院原任院長孫運璿先生率同副院長暨全體政務委員及各部會首長向總統呈請總辭。時因孫院長罹患重病，不可能再請延任，所以必須另提人選。

總統為副總統提名案已經煞費苦心，現在要提新閣揆人選，當然也頗費斟酌。某日總統忽然對我談內閣的人事，這是第一次和我談政府人事問題，也是唯一的、例外的一次。總統的話很長，我得仔細聆聽。

他說：

「孫院長二月間突患重病，

邱副院長臨時倉促代理，

尤其當天面臨立法院開會，

行政院長須作施政報告並備質詢，

邱副院長從容上陣，

表現不錯，

之後三個月代理主持院務，

也稱穩健，

我都看得清楚。」

總統的話，到此暫停，稍頃又續說：

「我聽說邱副院長很希望真除代理，

陞任院長，

這是合理的期待。

但目前我有困難，

因為未來內閣必須仍是財經內閣，

一方面要完成十項重大建設的

許多後續計畫，

另方面更重要的是

肆應國際經濟危機給我們的衝擊，

所以我屬意俞國華兄接任行政院長，

因為他在財政部、中央銀行及經建會任內，

對處理國內、國際財經事務，頗有經驗。」

到此總統講話，再度稍有停頓，後續又說：

「你一定都知道，

選擇新任行政院院長，

必定要考慮很多條件。

但我今天和你說了許多，

是要你去執行一項任務。」

我當然感到有些訝異，於是便說：

「總統交付任何任務，我必遵辦。」

然後總統說到正題：

「我想請你去做一次說客，

讓創煥兄諒解我的難處，

這次不能如他所願，

也希望他和我再做一次更好的配合，

我給他三個選項，

由他擇一決定，

我會接受。」

我則說：

「總統關愛部屬，仁至義盡，我必全力遵辦。」

我正要站起離開，總統卻又突然對著我冒出一句問話：

「你願意去中央黨部工作嗎？」

我當時頗感意外，便直率地回答：

「我不想去中央黨部那樣的單位工作。」

我的回答，似乎也使總統吃了一驚，所以又問：

「為什麼？」

我仍鎮定地又答：

「因為中央黨部的工作，政治性太強，而我對政治沒有太大興趣。其次我覺得中央黨部這樣一個龐大機構，不受任何方面節制或監督，而可自行其是。不像政府機關，須受各種法制約束，公務人員就必須依法行政。以我的個性，喜歡循規蹈矩，所以我對黨務工作，恐怕不能適應。」

我的率性直言，不知有無得罪總統，但他講了一句話：

「說得也是。」幸好就再無下文。

我銜命與邱副院長電話聯繫，他順口約定，次日中午十二時，假臺灣銀行三樓南邊貴賓室見面午餐。那兒場所隱密，距我辦公室可以隔街相望，極為方便。

第二天中午，我們二人如約準時到達臺銀三樓，

一邊用餐，一邊詳談。

創煥兄與我，在國防研究院同期同學，素有往來，所以開門見山，即刻進入主題。我解釋總統所提三個選項的用意。第一個選項是仍留原職，因為俞、邱各有優點，可以互補，相得益彰。第二是接任考試院長，因現任劉季洪院長，即將任期屆滿，需要另提新人。三是出任臺灣省政府主席，法定官階稍低，但可有番作為。

我說完之後，創煥兄陷入長考，最後他問我：

「你看怎樣？」

我繼續說：

「總統此番因內閣總辭而牽動的人事異動，確是煞費苦心，特別對吾兄出處安排更是用心良苦。他希望你對未能接任閣揆一事諒解，實因目前國家建設，依然是財經為先，所以他別出新裁，提了三個選項，

請你自行抉擇，我覺得對你的關愛和尊重，實已超乎官場一般常情，所以勿要辜負他的這番厚意。你問我該怎樣辦，我的建議，是接受第三選項，出任臺灣省政府主席。」

五月二十五日，總統明令特任俞國華為行政院院長。

六月二日總統又明令發布，任命邱創煥為臺灣省政府主席。總統交給我的特別任務，算是未辱使命。

二十一、難得糊塗

　　在各方殷切期待下、世界輿情密切關注下，經國總統於七十六年七月一日依法公布了《國家安全法》，其中最後一條：「本法之施行細則及施行日期由行政院定之。」也就是該法施行之日，便是國家宣布解除戒嚴之日，其重要性不言可喻。

　　由於解除戒嚴，許多原在戒嚴時期執行的法制和主管機關等一切均須回歸平時法治的軌道，行政院需有適當時間用作準備作業。這個時間被要求為七月十五日，因之各有關單位，也一致訂定七月十五日為《國家安全法》施行日期。行政院也就依此目標，擬定《國家安全法施行細則》於七月三日提報第一六三三次（？）會議，擬俟院會通過後函送立法院備查，

同時呈請總統宣布於七月十五日零時起，中華民國臺灣地區解除戒嚴。

原以為此案已經準備周妥，照案通過，應無疑問。詎料當時俞國華院長循例徵詢有無意見時，教育部李部長煥起立發言，認為該案性質重要，應先透過黨政協調機制，俟立院黨團協商無阻後再行送出，較為周妥。

李部長的發言，與會者莫不錯愕，因為照他建議的程序，必將延後解嚴日期。不過當時大家礙於李氏即將出任黨中央祕書長，不便發言，院會陷於短暫沉寂。俞院長一時不知所措。視線正對著我，因而徵詢我的意見，我即起立發言。我表示：

「本案是《國家安全法》的子法，其母法經過黨政協調，已經獲得立法院三讀通過，並呈請總統明令發布。本案施行細則，已無政策原則問題，建議即日

照案通過，以免拖延解嚴日期。」

　　我的建議原意是讓俞院長有個臺階好作決定，但不料李部長再度起立發言，堅持原意。俞院長在極感無奈下，決定「再議」。

　　這個「再議」，非同小可。當我回到府內晉見總統，報告本案在院會討論經過和所作決定後，總統用極不滿意的語調說：

　　　　「糊塗，糊塗。

　　　　這個案子豈能再議？」

　　我記得曾經說過，從未見過總統雷霆之怒。但那天《國安法施行細則》在行政院院會決定「再議」，確實讓總統深為憤慨。他立即轉過身來對我說：

　　　　「你立即去跟俞院長通電話，

　　　　要他下午三時繼續召開行政院會議，

　　　　作為上午院會尚未結束，

重行審議《國安法施行細則》，

另作正確決定。」

同時總統繼續說話：

「李錫俊（李煥的號）跟我做事這麼多年，

竟不知道我政策的時間性和重要性，

太令我失望，

你現在就跟他通電話，

要他下午續開院會時，

不再發言。」

我知道總統當時非常氣憤，所以吩咐的事項，都有點急躁。因之我用稍微緩和的語調報告說：

「給俞院長通電話，要他下午再開院會，續審《國家安全法施行細則》案，並另作正確決定。這通電話，能否請總統親自給俞院長通話，較為妥適。至於李部長那邊，可否由我去教育部拜訪，當面向他解

釋本案的迫切性，免得下午院會另生意外。」

總統聽我陳述完畢後，心情已見溫和，便說：

「這樣也好！」

茶壺裡的風暴，很快止息。

行政院當日下午續開院會，對《國家安全法施行細則》案照案通過，即日呈報總統，請於七月十五日廢除中華民國臺灣地區戒嚴。

這是中華民國政府撤遷來臺的一等大事，也是行政院會議有史以來一次會議分在上下午舉行的唯一首例。當日總統正式在行政院呈文上批示，並明令宣布：

「臺灣地區自七月十五日零時起解嚴。」

同時我又奉總統之命要我通知行政院新聞局邵局長玉銘以政府發言人身分，於次日召開中外記者會正式宣布。

但邵局長認為茲事體大，且受國際矚目，建議請總統在總統府內親自舉行一個莊嚴、盛大的中外記者會，新聞局負責廣邀國際媒體來臺參加。我把此意轉報總統，但總統僅簡單說了一句話：

「由政府發言人宣布，並無不妥。」

當我把此意轉達邵局長後，邵局長認為機不可失，再度建議我再向總統進言。然而經我再次報告後，總統的答話，讓我暗地受驚。總統對著我說：

「你說我能撐得住那個場面那麼久嗎？」

我不敢多言，祇能退出，並轉告邵局長仍照原案辦理。

〔按，以上經過參見邵著《此生不渝》第 260 頁至第 262 頁，但其中所云「是不是經國先生謙沖為懷，不必自我宣揚？還是他身體不適，不便舉行記者會？」的疑問，我不便告知，所以祇能請他照原案辦

理。〕

很遺憾的是，中華民國在臺灣地區實施近四十年軍事戒嚴令的廢除，在我目睹下，蔣經國總統竟無助地不能由他親自宣布，寧非憾事？

二十二、我是臺灣人

多年來，「二二八事件」的陰影，在臺獨份子用白色恐怖帽子的操弄下，一直是擾亂和分裂臺灣的火種，愈鬧愈熱，甚至妄指蔣公中正是「二二八」事件的元凶，使經國總統極為煩惱。

某年（大概是七十三年）二月二十八日過後，照例是囂鬧一番。總統召我說：

「請你到『大溪檔案』庫房

調閱『二二八事件』的全部案卷，

仔細審閱。

看看當時南京的中央政府，

對『二二八事件』作了怎樣的處理？

有無不當的指示？

以致損害臺灣同胞的權益？」

　　我覺得總統的這項指示和交付的任務極為重要，於是當天就赴大溪，調閱相關案卷。

　　那是一個「閒人免進」的地方，所以我要出示身分。幸好那位主任管理員與我曾經見過，不必查對身分，就讓我核閱檔案卷目。從中我仔細檢閱，揀出了十餘個檔案與「二二八」案有關的卷宗，由我當場出具借據領取，帶回總統府。一個人關閉辦公室房門，整整花了二天時間，閱遍了卷宗內有關文件，一字不漏，得到了自認不該有錯的結論。

　　過了二天，我向總統回報全部檔案皆已閱過，隨處可見蔣公中正（時任國府主席）許多親筆批示、電報及手諭等文件，其中都是三令五申的命令給臺灣行政長官陳儀及派遣到臺的中央軍隊的司令官，不得對臺胞有任何報復行動，對於滋事民眾，只許追懲首

惡，其餘一律免究，被捕者如屬平民，一概移由司法機關審理，不得累及無辜。

到了三月十七日，蔣主席還對臺省同胞直接廣播，特別強調，「涉案人員除共黨煽惑暴動者外，一律從寬免究」。我把以上卷內所示重點，扼要做成摘記，呈給經國總統親閱，並作建議：

「既然史料如此明確，何不把『大溪檔案』中有關『二二八』事件的案卷全部公開，以明真相。」

總統沉思良久，未作言語，僅對他自己說了幾個字：

「於心無愧就好。」

我知道總統不想接受我的建議，原因大概是為免引發臺獨激進份子掀起新的爭議，於是無奈地說了那幾個聊解煩惱的字。我心中的感想，總統有委屈。

七月十五日總統明令廢除戒嚴，輿情振奮。但綠

色媒體依然借題發揮，對政府橫加攻訐。

　　總統心中自有憤慨不平，但仍溫和地用詢問口氣對我說：

　　「我想近期內邀請臺籍地方耆老來府茶敘，

　　　　談談民間鄉情，

　　　　也為國是向他們請益，

　　　　你覺得好嗎？」

　　我備受感動，連忙答道：

　　「總統仁慈為懷，苦民所苦，樂民所樂，您要邀請地方父老來府茶敘，我十分贊成。」

　　沒有想到，總統立即回應說：

　　「那麼這件事，就交你去辦，

　　　　邀請哪些父老？共邀若干位？

　　　　你可以去和李副總統商量，

　　　　要愈快愈好，

最好就在本月之內。」

我連說遵辦，並立即擇定日期為七月二十七日。

但總統還有指示：

「名單確定後，還得麻煩你，

持我親筆簽名邀請函，

代表我去各位父老府上

登門拜訪，

表示我邀請的誠意。」

總統的細心和周到令我佩服。

當日下午，我和李副總統商擬了名單，被邀父老自以德高望重、在民間具有影響力且年齡較總統稍長者為最佳人選。最後選定十二位耆老，呈經總統核定後，我由總統府交際科廖科長陪同，隔日出發，按著地址，從北到南，包括澎湖外島，挨戶拜訪，親遞總統邀請函，被邀長者，無不欣然接受。歷時三日，拜

訪行程結束並向總統復命。受邀名單是：

魏火曜　醫學界領袖，中研院院士

陳啟清　全國商業總會理事長，光復後當選第一
　　　　屆國大代表

黃運金　新竹縣議會議長，受邀貴賓中最年長者

許金德　臺灣省議會副議長

蔡鴻文　臺灣省議會議長

吳三連　臺北市首位無黨籍市長

陳望雄　南投縣議會議長，農業團體國大代表

黃崇西　臺北市艋舺龍山寺董事長

呂安德　澎湖縣議長

陳章慶　雲林縣土庫鎮鎮民代表會主席

林茂盛　花蓮縣議會議長

張文正　嘉義縣議會議長

七月二十七日下午三時，總統邀請的十二位耆老，陸續到達介壽館大樓正大門，由交際科禮賓人員一一引導至二樓總統內會客室，但是十二位貴賓獨缺吳三連先生，來者卻是吳修齊先生，當時我就問交際科廖科長：「貴賓名單有變動？」他說：「副總統辦公室在午後交下新的名單。」我覺得有些奇怪，就再問廖科長：「你不是陪著我到達新北投吳府，看著我遞送邀請函至吳三連先生手中，吳先生還表示一定參加，是嗎？」廖科長連說是的，並說明新的名單剛才收到，所以來不及向我報告。

　　事情有點蹊蹺，但沒有時間追問。於是走上二樓。內會客室空間不夠寬敞，通常只能容納來賓最多五、六人，今日是因總統特別囑咐，排了十六個座位，包括主人兩個座位及沈祕書長和我敬陪末座的二個座位，顯得有些擁擠。

總統照例已先站在他座位前面，和來客一一握手，互致寒暄。待全體貴賓坐定之後，總統首先說話，表示熱誠歡迎，並望多多指教。政府施政雖以國計民生為第一考量，但總還有欠缺不夠的地方，甚至還有錯誤的地方，深望地方父老不吝指正。

　　在座十二位耆老，似乎都很謙遜。其中最年長的黃運金先生被推首位發言，他簡略說明臺灣光復以來在先總統蔣公中正領導下，以臺灣為復興基地，尤其感謝經國總統戮力建設，創造出臺灣史未前有的繁榮富庶，民眾咸多感恩在心。

　　之後復有魏火曜、許金德、陳啟清、蔡鴻文等陸續發言，大多以支持政府政策為重點，對民間有不同聲音，則皆避而不談，所以總統又說：

　　　「近來我的身體大不如前，

　　　　所以較少時間和民眾接觸，

不能直接聽到他們意見。

其實當前我們唯一的任務，

就是要結合一切力量，精誠團結，

踏穩腳步，落實建設，鞏固基礎。

我在臺灣生活，即將四十年，

因之我也是臺灣人。」

當時我的感覺是，總統以興奮又熱情地喊出「我也是臺灣人」的呼聲，表示他願與地方、民眾與鄉親父老，攜手同心共為臺灣前途奮鬥努力。大家都能體會他的苦心。

另一感覺是茶會氣氛十分和諧，但耆老們的態度和發言，顯然相當保守和含蓄，使總統很想聽聽大家聲音的期待，有相當落差，也不能滿足他「我是臺灣人」的熱情。

我想其間有個關鍵人物──李副總統登輝。

茶敘歷時一時卅分，在互道祝福中結束，貴賓們臨行前，總統親贈故宮博物院出版的《國之重寶》每位一巨冊。十二位貴賓受到總統親切接待，咸表感謝。

這次總統邀請十二位地方父老茶敘，頗受社會各界矚目，咸認必有後續動作。但不幸不到半年，總統猝逝，有關單位在那半年內也未有任何準備工作，所有企望，全部落空。

「總統邀請地方父老茶敘」，祇留下了歷史佳話。

茶會後第二天總統問我：

「昨天茶會怎麼未見吳三連先生？

我倒很想和他見面談談。」

我祇能將事實向總統報告，顯見更換名單，事前總統也不知情，我深以為怪。

這兒當然同樣有個關鍵人物，

副總統李登輝！

原因真相如何？目的為何？

有待思索。

二十三、雙腳踩在棉花裡

　　七十五年七月卅一日夜晚，我整夜未能成眠，祇要我闔上眼皮，就有一幅恐怖的畫面出現，一位傴僂著身體，抱著雙腿，用盡力氣，哼喊著「痛、痛！」的長者，既不能坐穩，也不能站立，就是痛苦不堪的樣子。

　　那不是在作夢，更不是夢魘，而是那天下午實實在在發生的真事。總統剛才接見中央研究院吳大猷院長和諾貝爾物理學獎得主楊振寧博士夫婦相談較久，約有四十分鐘。賓客們辭別，剛走出會客室房門，總統竟然疼痛難熬而作出令人不忍卒睹的形狀，確是讓我大為吃驚。

　　那天我奉命陪見，我一向知道總統十分重視禮

儀，所以那天他穿著得相當整齊，談話時也很專注。反倒那位楊博士不時地眼波流轉、東張西望。與總統談話時注意力也不夠集中，我覺得他對總統敬意不足。辭別時，總統意欲站起送行，吳大猷院長看到總統站立似有困難，立即轉身請總統坐著勿動。二分鐘後出現了我從未見過的驚恐畫面。

那確是我第一次見到總統在僚屬面前那麼失態的窘狀，我有些不知所措，立即命工友搬個墊腳凳子，先讓總統雙腿不要懸空。同時請王主任和值班醫官過來，看看怎樣作最好處理。

我問總統能否站立？我聽到一句終生難忘的話：

「現在我的雙腳似同踩在棉花堆裡，怎能站立？」

好像一聲雷擊，我從未瞭解總統病情如何，只知他的健康在退步，一年不如一年。因為我不是總統家

屬成員，我也不是他的貼身侍從，不便常去問他身體狀況，這是醫療小組醫師們的責任，所以平時總統到府辦公，見面時看他一如平常，就說一聲「總統好」，別無顧慮。

今天看到的這一幕，顯然總統病情不輕，否則他不會不顧儀態，不顧尊嚴，抱腿淒聲喊痛。想來必定在會客時他已感到疼痛，實在是忍無可忍，才在賓客剛剛離開會客室門口時，就喊出幾乎求救的聲音。

可憐總統原來一直是在力疾從公，抱病上班，我竟無此警覺，著實感到羞愧。當時值班醫官給總統注射一劑大概是止痛一類針藥，數分鐘後，總統的疼痛稍有舒緩，王主任家驊兄查閱一下，當天總統並無其他節目，於是大家商定，請總統先回七海寓所休息，蒙總統同意，由侍衛官推著輪椅，改由第三號門，登上座車，駛回七海。

我肯定今天所見狀況，政府其他首長，都未見過，所以大家忽視了總統實際的健康，但醫療小組的醫師們責無旁貸，不能有所疏忽，甚至推諉。

　　以我當時激動的心情，甚至認為一位國家元首受到醫療的照顧，比一般平民好不了太多。

　　直到三十多年後的今天，我的眼底常常出現一位長者抱腿喊痛的幻覺，我的耳際也時時聽到：「我的雙腳站在棉花堆裡。」

二十四、人道親情的溫暖

　　七十六年三月中，農曆春節剛過不久，家家戶戶團圓度歲的溫馨氣氛還未散去。總統在辦公室內凝神沉思，忽讓武官給我電話：「總統有請。」

　　我進入他辦公室後，總統開口問我：

　　　　「唐詩裡有首詩，

　　　　描寫有人離家很久回鄉時的心情，

　　　　你該記得？」

　　我立即回答：

　　「那應該是賀知章的《回鄉偶書》，頭二句是：『少小離家老大回，鄉音無改鬢毛衰。』」

　　總統接著說：

　　「沒錯，現在就有很多很多人鬢毛已衰，

極想回家而不可得，

他們就是各地的榮民老兵們，

他們思鄉情切的心境，

我充分瞭解，

也是政府的責任。

所以我想幫助他們了他們的心願，

也是在我心中累積很久的願望。」

我剛說了半句話：

「總統仁慈為懷，令人敬佩。」

總統卻又接著說：

「我現在就是要你去好好研究，

研擬一個方案，

開放榮民弟兄回大陸探親的辦法。」

「我知道總統與榮民弟兄們有著特別濃厚的情
誼，可是開放大陸探親，在當前兩岸關係瀕於斷絕的

時刻，此舉將是驚人的大事。」我說出我的初步反應。

總統接著又說：

「所以我們要制定一個開放大陸探親辦法，

完全基於人道親情立場，

由民間機構負責推動，

而政府既有的反共基本國策，

不能變動。

我對此事寄望甚殷，

希望早日樂觀其成，

但目前階段必須保密。」

我祇能回了一句話：

「總統高瞻遠矚，我謹敬受命。」

但當時我的內心，實很惶恐，使命如此重大，又須守密，所以回到我的辦公室，準備慎思熟慮，幸好

隔了二天，總統府第一局馬副局長英九兄，敲了兩下我辦公室的門，悄悄地說：

「報告副祕書長，我奉總統之命，要來襄助研擬開放大陸探親方案事宜，希望能夠有所助益。」

「太好啦，總統真有知人之明。」

從那刻起，馬副局長和我深切感到，開啟四十年來兩岸鎖閉的鑰匙，在總統指示下，已在開始轉動。

我們知道，反共基本國策決不能變，但過去許多自臺赴大陸探親，必須千方百計，先到港澳，再到第三國觀光，然後繞道進入大陸，曲曲折折，既費時，又費錢，更冒諸多風險，因之怨言載道，喊出了「我們要回家」的呼聲。這是讓總統聞之心痛的根源。所以研訂新法，必須根除那些不合理的怪現象，讓要探親的榮民弟兄們直截了當回去大陸，才是根本之道。

英九兄和我，廣事蒐集有關法令和資料，且為保

密計，多在下班後進行。經過十來天的仔細斟酌研究推敲，初步得到兩個前提，必須在方案中闡明：

（一）本案純粹基於人道親情考量，且由民間團體負責推動，並不牽動政府官方的「三不政策」。

（二）法律方面，本案推出時間，應在政府宣布解除戒嚴之後，原有若干限制已不存在，少數相關的行政命令規定，隨時可予修改，應無牴觸法律問題。

其間總統還時時提醒，探親方案不必加以太多限制，要儘量放寬，利於實施。

前後大約經過一個月的研商，我和英九兄草擬的方案初稿終於完成。呈經總統核閱示可後，暫時定名為「開放民眾往返大陸探親方案」，總統命我密送中國國民黨中央黨部。

當馬祕書長樹禮拆閱時，顯然大吃一驚，不禁脫口而出問我：

「總統已有這麼重大的決定了嗎？」

我的回答：

「是，但目前仍在保密階段，所以希望中央委員會向中常會建議，先成立由五位常委組成的專案小組，邀集行政院、國安局，暨行政院所屬相關部會從政同志，舉行祕密會議，以審查結論，提報中常會。」

我把總統給我的指示，一一向馬祕書長說明後，他覺得茲事體大，要我回報總統，立即審慎進行。

中常會成立包括李登輝、俞國華等在內的專案小組，蔣主席並指定李常委為召集人。

專案小組以總統府所擬方案初稿為討論基礎，由於原案草稿是由我提供，所以小組每次會議都邀我列

席參加，報告擬案經過，並說明草案內容五個部分的層次結構。

與會人員聞悉草案內容，大多同感震驚，有認為應持保留態度，有認為應早速進行。三次會議後，鑑於當時繞道進入大陸的人數每年已經超過二萬人次。情況顯示，頗有迫切改進需要。小組乃於十月十四日向中常會提出五項結論：

1. 未來開放措施，應堅守「民間往來，間接方式」的做法，即維持兩岸「非官方」的交流原則。

2. 對於民眾自行經由香港前往大陸探親或旅遊者，採取「不禁止，不鼓勵」原則，亦即解除出國旅遊觀光不得以香港為首站的限制。

3. 對於探親歸來的民眾，除非確有危害國家安全的具體事實，不應受到任何干擾。

4. 由中華民國紅十字會總會負責辦理協助民眾赴大陸探親事宜。

5. 同時開放大陸民眾在符合一定條件規定下，准予申請來臺探親。

專案小組把以上結論，於十月十四日舉行的中常會討論通過，然後由國民黨中央委員會正式公開行文給行政院，隨即在次日行政院第二〇五三次會議通過「復興基地居民赴大陸淪陷區探親辦法」，同時宣布自同年十一月二日開始實施。（其時尚未制定「兩岸人民關係條例」。）

事實比想像更為熱烈。紅十字總會準備了一萬份申請登記表，三天之內就被領光，不得不臨時加印十萬份，以應需要。

我把這個情況向總統報告，他很欣慰地說：

「這件事我們做對了。」

不幸二個月以後，總統猝然崩逝。已經按新訂辦法前去大陸探親的榮民弟兄和民眾，驟聞噩耗，無不嚎啕大哭。回到臺灣，第一件大事，就是先往桃園大溪經國總統陵寢，跪拜行禮致祭。

　　經國總統人道親情的溫暖，必將永存人間。

二十五、隨行花絮

　　經國先生從民國六十一年六月就任行政院院長開始，到七十四年五月連任第七任總統的時段裡，一直保有健壯的身體和良好的健康。

　　他喜歡多與民眾接觸，瞭解民情。臺灣很多鄉鎮，或在深山，或在海邊，不論遠近，他都要親去探訪。所以幾乎每個週末，他必跋山涉水，走遍臺灣每個角落。他說：那是他快樂的時光。

　　加上許多建設工程基地，需要不斷巡視，還有軍事部隊基地和各軍種官校也要常去視察，他都樂此不疲。由於他體能良好，健步如飛，甚至隨行人員時常落後，他都不以為意，反覺高興。

　　通常隨行人員除了有關機關首長和地方縣市長之

外，奉命經常隨行的幾位大員有前新聞局長魏景蒙先生、前司法院副院長汪道淵先生、參謀總長郝柏村先生、周政務委員書楷，還有區區我張副祕書長。其中魏景蒙先生，能詩能文，寫得一手好字。性格隨和，會講笑話，每在沉悶的行程中，說一二句詼諧風趣的俏皮話，讓大家樂而忘倦。他是經國先生的好友，可以不拘小節，是隨行隊伍中，時常製造花絮的可愛人物。

可能由於我奉命隨行的次數較多，見聞花絮不少，其中有驚險的（包括海陸空）、輕鬆的、風趣的、溫暖的、感傷的、動人的、以及智慧的種種軼事，所在多有。這兒記錄的，祇是在我腦子裡記憶猶新的若干部分，分載如下：

（一）

　　六十二年二月初，經國院長邀請二位新任政務委員周委員書楷及李委員登輝赴外島前線向軍民慶賀春節，並在第一站馬祖吃農曆年夜飯，邀我同行，另有海軍總司令宋長志上將陪往。

　　二月五日（大概）傍晚，乘海軍陽字號巡洋艦從基隆港啟航出發，宋總司令親自指揮航行。六時正，貴賓們及主人等全在大餐廳預備進用晚餐，艦上氣象官突然進來向長官報告，午夜時分，馬祖外海將有九級巨浪，為安全計，是否暫先回航，明晨再行出發。結果宋總司令請示蔣院長後，繼續前進。

　　晚餐結束時，大家仍然圍坐圓桌，陪院長聊天。經國先生精神特好，意興風發，把桌上的水果和點心吃個不停。風浪卻在那時開始發威，艦身上下左右搖晃，艦內多人頭暈，首先兩位政務委員正想嘔吐，幸

好船員已備妥塑膠袋，每人二個，船員先陪二位政委回到艙房臥下休息。

最意想不到的是，宋總司令也開始嘔吐，但他說沒有關係，要到艙外甲板上呼吸新鮮空氣。這時大餐廳內，祇剩院長與我二人，他氣定神閒，大談九級風浪沒有危險，祇怕深海之下，如有涌的出現，它會向上沖激，形成翻江倒海似的浪潮，安全就有問題。不過今天好在並無出現這種現象，可以安心。

但這時我也開始劇烈頭暈，也想嘔吐，船員陪我到達臥艙。此時大餐廳內，祇留院長一人，雖然他依舊泰若無事，但艦上事務長還是恭請院長進到艦長臥房休息較為妥適。

一覺醒來，晨曦從艙壁圓洞內射入。沒有輪機聲音，艦身也無顫動，知道艦隻業已停泊在馬祖外海東引島，等候噸位較小艦艇接駁到馬祖港口。

打開艙房房門，看到兩位政委也已起床。大家盥洗完畢，互道平安，一同走向上層大餐廳，卻見院長已經端坐餐桌中央座位，怡然自得吃著花生，一邊揮手對我們說「早安」，好似昨夜海上驚魂，根本沒有發生。

　　這時刻，我見到了一位具有大無畏精神的海上勇士！

　　用完早餐，接駁艦艇已在大艦邊旁等候。大約八時左右，我們隨著院長登上接駁船，十幾分鐘後，駛抵馬祖港口碼頭，祇見岸上許多軍民，已在碼頭上面，等待歡迎蔣院長蒞臨。

　　我們一行從接駁船魚貫踏上長長的木製跳板登岸，院長一路領先，幾乎帶著半躍半跳的步子，第一個登上馬祖碼頭，周圍軍民同胞，紛紛要和蔣院長握手，經國先生狀至高興。

碼頭上有小型廣場，當地人稱它為「小上海」，靠左邊第一家商店，是家照相館，就以「小上海」為名，其店主熱誠邀請蔣院長照個相留作紀念，院長欣然同意，並招呼我們四人進入店內，在攝影房內排排坐下。經國先生坐中間，他的右手，依次坐的是周、李兩位政務委員，左手邊則是宋總司令和我。

　　店主非常細心，選了一幅明亮的布面風景，作為背景，又幫我們調整每人的坐姿、回到攝影機背後，又提醒各位，面帶笑容，喀嚓一聲，攝影完成。

　　院長十分高興，面請店主，多印幾張，又囑宋總司令回國防部後放大拷貝，分送友好。

　　可惜回到臺北後看到相片，五人中四人都是笑容可掬，特別是院長本人笑得咧嘴，但唯獨最右手那位李委員卻面帶怒容，不知何故，有生氣的樣子，真是美中不足。（那張照片至今不知是否依舊掛在店門

口？）

在馬祖從早到晚，院長忙於接見美軍顧問團派駐馬祖的一位中校軍官和馬防部的幾位將領，詳詢馬祖戰區防務，直到傍晚六點，馬防部司令官在司令部大廳，設宴十餘桌邀請當地鄉親父老及防衛部各級將士代表，說明蔣院長親自蒞臨馬祖向大家賀節拜年。全體軍民官兵無不喜氣洋洋，紛向院長坐的主桌敬酒。院長興致勃勃，站起高舉酒杯，向大家說「恭賀新喜」，筵席在一片歡聲中結束。

第二天一早，坐空軍專機離開馬祖，不久抵達此行第二站──金門，同樣向當地軍民同胞賀年。再隔一天又到澎湖，也同樣向當地軍民同胞賀年拜節，但多一個節目，專程到一處葬著三位在金門八二三殉難的三位副司令官墓園獻花致敬！

（二）

　　六十五年六月，前嘉義縣縣長陳嘉雄先生家祭和公祭之日。蔣院長對陳縣長的才華和器識都很欣賞，所以時常召見，不幸於一年前罹患肝癌，蔣院長十分關懷，屢請榮總和三總名醫看診，可惜藥石罔效，而於四月間病逝。

　　經國先生對陳嘉雄縣長英年早逝，極為悲痛，在五月底就對我說，他要親往陳府弔唁，囑我陪同前往。嘉雄兄是我國防研究院同期同學，理當遵命隨行。

　　六月五日清早，開始綿綿細雨，予人有天人同悲之感，七點不到就循縱貫線南下，一路濛濛雨絲，始終未停，到達嘉義時剛過十點。因事前並未通知陳府，家祭已畢，正在開始公祭，忽然報稱蔣院長到，陳府家人及辦事人員忙成一團，臨時布置敦請蔣院長

上香主祭，行三鞠躬禮，我則站立一旁陪祭。

行禮完畢，經國先生對我說：

「我們要參加葬禮，

送陳縣長最後一程，

看他入土為安。」

我把院長的意思，轉告執事人員，稍一會兒，陳府老太爺和老夫人雙雙出來辭謝，說那樣會使嘉雄不安。但經國先生堅持送到墓地，陳府家人祇能從命。

從喪宅到墓園，約有一公里。十一時啟靈，經國先生撐著雨傘，冒著風雨，一路跟在靈柩之後，直達墓地，看著棺木落土，方始一鞠躬離開。陳府一家人都在墓旁恭送，從他們哀戚的神情中，對蔣院長的親臨弔唁，無不感激涕零。

依照一般官場習俗，如遇同儕或僚屬家有喪事，通常頒送輓額並到靈堂行禮，已算禮數周到。像蔣院

長這樣仁至義盡，可謂史未前有。次日新聞報導，都以「親民的蔣院長」為題，可見社會觀感，對經國先生的崇敬。

由於陳嘉雄在當選嘉義縣長後，蔣院長舉行新任縣市長座談會，嘉雄兄發表他上任後的第一件重要施政時，表明他將徹底根除嘉義縣民最痛苦的烏腳病，要從澄清水源開始，讓嘉義人能夠喝到清潔飲水，大受蔣院長讚賞，以後成了好友。

那天的弔喪行程，除了侍從護衛人員外，隨行人員祇我一人。由於心情沉重，很少言語，直到北返途中，我說了一句：「院長今天辛苦了。」

院長卻說出了他的心情：

「陳嘉雄那樣的青年才俊過世太早，

實在可惜。

不僅我們失去了一位幹員，

國家更喪失了一位人才，

所以我很心痛。」

（三）

大概是六十六年夏秋之交的一個週末，經國院長預定當天上午視察臺中港新建工程，然後乘車赴梨山應臺灣省政府謝東閔主席之邀，在梨山賓館午餐，然後訪問武嶺山莊，以及福壽山農場。

哪知巡察臺中港時間較長，又在聽取簡報時對於處理淤沙問題，討論甚久，於是簡報結束時將近十一點，勢必無法於中午前，可以駕車到達梨山。

院長臨時決定，改從清泉崗飛機場乘坐直昇機，逕飛梨山。於是由聯絡官緊急聯繫清泉崗機場基地指揮官，據稱可以選派最優秀機長擔任駕駛，並調派最好的直昇機飛行。於是一行五人，從梧棲駛往清泉

崗，其時基地司令及機長、副機長等已在候命。我們陸續登機，準備起飛。

駕駛向院長報告航線及起飛與到達時間，估計中午可以到達。

啟航時藍天白雲，氣候晴朗。直昇機的航線，是飛行在兩側中央山脈、中間一條峽谷的空域。高度約二千公尺。順利飛航二十分鐘後，忽見迎面飛來一大片漆黑的烏雲，就在我們航線正面，駕駛已經來不及避開。而烏雲裡面有團黑旋風，正對我們直昇機闖來，於是我們機身劇烈搖晃，並急速下墜二十餘公尺，感覺情況極為危險。

同行中，有位行政院第七組組長，原在軍中服務，在他擔任某師師長期間，師部某主管單位擬在師部內某一地點，建造一所小型庫房，簽報師長請示，師長閱後，在呈文上批了一個相當大的「可」字。過

了幾天，師長巡視經過那個地點，看到有人在施工建屋，乃問何人及為何准許？某單位主管就說是師長親自批可，師長命取公文過來，看著公文上寫的那個特大號「可」字說：

「你不懂嗎？那個大大的可字，意思就是『大可不必！』」

據說後來大家稱他為「大可師長」。

那天他在直昇機上坐在我的後面，大概因看到機身劇烈震盪，於是開口就問：

「請問機長能否回航？」

機長尚未回答，院長卻先堅定地說：

「不許亂講話，一切由機長決定。」

於是大家默不出聲，院長正襟危坐，神色泰然自若。

飛機在機長操控下，與黑旋風搏鬥，受風力影

響，直昇機三次下墜二十餘公尺，如果直落谷底，定必粉身碎骨。所幸機長技術高超，始終保持機身安穩，最後衝出黑旋風重圍，平安到達梨山賓館停機坪，那時我頗有「輕舟已過萬重山」的快感。比預定時間僅遲了二十分鐘，當然讓謝主席稍感不安。

院長下得機來，首先與機長握手、擁抱，並說：

「你是我國最優秀的機長。」

同行人員都慶幸避過了一次空難，也不敢再作任何回想。

我則又看到了一位具有大無畏精神的空中勇士。

（四）

經國先生重然諾的真誠，從他處理很多小事上都可看出。舉一小例，某年夏日（六十五年？），那還是他健康甚佳的時日，蔣院長訪問新竹縣的一個農

村，我們隨他走過一條田邊小徑，看到兩個農夫正在田裡耕作，於是上前跟他們聊天，知道他們是父子、姓郭，而他們也看出來者是蔣院長，乃堅請大家到農舍小坐喝杯涼茶。

蔣院長本來就最喜歡和農民們閒話家常，於是欣然隨他走到附近不遠處的郭家，看到郭家內部家具陳設簡單而整潔，還看到各種家電設備齊全，感到現在農戶生活大有改進，頗為欣慰。

閒談中，郭父向蔣院長報告，他的兒子將在今年年底成婚，婚期已經定在那年的十二月三日，屆時要請院長喝杯喜酒。院長滿口答應，高興辭別離去，預賀準新郎婚姻美滿。

事隔數月，很快就是十二月初，不知郭家是忘了之前的邀請，還是覺得不好意思驚動蔣院長，到時竟然未把喜帖寄出。

可是蔣院長不同一般政府首長，到了十二月三日，早上院長忽然問我：

「你知道今日是何日？」

我一時迷糊，還未回話。院長接著又說：

「今日是新竹郭家兒子結婚大喜的日子。

我已備好一份賀禮，

就會讓王堃和（組長）陪我去道賀，

你就不用去了。」

這樣細心周到、親民又守信的政府首長，我真沒有見過，讓我佩服得五體投地。

那邊郭家看到這位貴賓果然親臨道賀，不禁既驚且喜。想不到蔣院長那麼守信、那麼誠懇，又那麼親切，但同時又覺得十分愧疚，讓這位貴賓不請自來。

經國先生的行為心理，確是常常令人難以捉摸，但有一點可以肯定，他的任何措施，全是出自愛心。

所以他的如此作為，完全出於真誠，很自然地認為該做的，就這樣做了。

一時臺灣從南到北，民間無不讚頌，傳為佳話。他為古訓「民無信不立」樹立了典範！

（五）

隨同經國總統出訪民間或視察工程，行程中並不枯燥。他常常即時即景，三言兩語，卻必言之有物，發人深省。有時啟人浩然之氣，有時引發故國幽情。或作正義之鳴，或嘆世道之衰，讓隨行者無不受益良多。例子多得不勝枚舉。以下祇就記憶中仍然時常出現的若干話語，略為記述。

• 某日總統要我陪他去國父紀念館，視察某項展覽準備工作的進度，座車沿忠孝東路向東行駛，經過

復興南路商業區時，他看見某一大樓高牆上，掛著一幅巨型廣告，上書四個大字：「修理權威」，大概是一家修理衣服的招徠生意用語，總統看了大有所感。

總統對我說：

「你看那幅廣告，

和我的想法，不謀而合，

可得最佳廣告獎。」

我懂得總統的心意，即使具有絕對權威的國家元首，在民主政治的制度下，也得接受民意機關和民間輿論的監督、批評和指責，也就是要被「修理」。他任內的凡百施政，表現出運權如秤，以及「權力運它很容易，難的是如何不去運它」的理念，都是經國總統對於「權威」的思維脈絡。

• 六十七年杪，某次出巡，隨行人員中有教育部

的朱部長匯森，總統問起現在私立學校的教職員是否都已參加公務人員保險，朱部長答，礙於現行公保制度和「私立學校法」等相關法規的限制，以致至今尚未實施。

總統聞言大為訝異，說道：

「私立學校教職員，跟公立學校教職員，

　同樣在做為國百年樹人的神聖教育工作，

　　政府怎可對他們如此冷漠？

　　既然現行法令行不通，

　　　為何不考慮單獨立法？」

一語提醒教育部長，立即報請行政院與有關部門積極研商草擬《私立學校教職員保險條例》，會同考試院於六十九年六月向立法院提案，獲得通過，並於同年八月八日公布實施。

經國總統的仁政完全出於他具有仁者的胸懷。所

謂仁心，便是儒家學說中的「人溺己溺」，抱著「苦民所苦」的同情心，推行以民為本，以民眾福祉為先的各項施政。私立學校教職員之可以專案立法，使能同樣享受公保權益，祇是其中一例而已。

• 記不清楚哪年哪月（大概是在行政院長任內），經國先生與我們幾位隨行者乘坐廂型旅遊車，從臺南縣府想去安平漁港，看看蚵仔漁民的生活狀況。

車行半途，經國先生看到公路上對面來了一輛沒有乘客的計程車，他突伸手窗外，向那計程車不停揮手，示意要他靠邊暫停，我們的座車當然也就立即停下。院長忽然站起，走出車外，向那運將朋友禮貌地說：

「我有駕照，我想借你車開到安平漁港，行

嗎？」

　　那位運將看了他一眼，覺得臉熟，同意照辦。於是計程車調頭，開到公路右邊。我和臺南縣高縣長育仁看著院長坐進計程車駕駛座，那運將坐在右邊前座，便於聊天。

　　我們的座車和隨扈車跟著計程車行駛到安平漁港，那位運將竟成義務嚮導，不停向院長介紹安平港漁產狀況。院長聽得滿意，還不時發出問題，而那運將居然也對答如流，我和高縣長倒是成了外來客人。

　　回到臺北，院長對我說：

　　「今天我聽到的許多民間基層故事，可能勝過一次正式會報。」

　　我想：經國先生之樂於勤訪民間，這是主因之一。

‧六十六年八月，蔣院長抵高雄市，聽取中鋼公司建廠進度簡報，並視察中鋼公司新置製鋼機械設備試車情形。

他進到每一工房，察看各項機器運作，並和員工一一握手慰勞。走過一臺龐然大物的機器時，他伸手向一位中年的機械工人握手，但那位可愛的勞工朋友，卻把雙手縮回去了，並說：

「對不起，院長，我兩手都是機油，不敢把您汙染。」

哪知經國先生哈哈一笑，把左右雙手一同伸出，緊緊握住那位勞工的兩手，並說：

「來，朋友！

我年輕時，

同樣是在鋼廠做工，

我喜歡機油的味道，

讓我們四手牢牢握住，

　　合拍一張相片，留作紀念。」

　　於是四周所有相機，閃光不停，攝下珍貴鏡頭。

（如今是否有人留存那張相片，不得而知。）

　　蔣院長平易近人、親民愛民的風格，再次傳遍海內外華人世界。

　　我是在場親自目睹的旁觀者，內心除了敬佩之外，還是敬佩。

　　•可能也是六十六年，時值初冬，蔣院長於巡視蘇澳港末期工程，又到宜蘭縣政府，聽了簡報後，搭乘空軍直昇機飛抵外海龜山島，視察島上防務及駐在官兵的生活狀況。

　　龜山島位在距離臺灣本島外海十公里處，原有居民居住，屬宜蘭縣頭城鎮龜山里。可是就在六十六年

初，因軍事需要，劃歸軍事用地，居民一概遷出，但行政區劃照舊。

蔣院長正是要去看看島上的軍事設施和防禦工事。島上駐有海巡署二個大隊，官兵人數並不太多（大約二百多人），聞悉院長蒞臨，無不歡欣出列，以備檢閱。巡視一周完畢後，仍坐原來直昇機飛回宜蘭縣，因天色已晚，暫宿礁溪旅舍。

晚餐時，經國先生心情愉快，一高興就說：

「到今天為止，我已到過臺灣省三百七十個鄉鎮市區的每個角落。」

大家鼓掌，我卻補了一句不合時宜的話：

「還有一處，您還未去。」

院長問是哪裡？我答了三個字：

「釣魚臺。」

院長收住了笑容，大家也變得沉寂。幸好魏景蒙

局長補了四個字：「來日方長。」大家回復了輕鬆，院長也未以為忤。

我開始回味古訓：「言多必失！」

．大概也是差不多那個時節，距離經國先生主持開闢興建中部東西橫貫公路完工通車的時間，已有十五、六年。他時常想起興工築路時，翻山越嶺，披荊斬棘，與榮民弟兄們一同冒險犯難（曾有十餘人因公殉職）、辛勤施工的回憶，感慨萬千。

但自那次竣工通車典禮後，因公務繁忙，少有機會作一次東西全程駕車通行的嘗試。直到快要交卸院長職務時，他想一了心願，交代我和行政院二位組長陪同，利用週末，作中橫之旅。由西到東，預計全程需要二天。

行程中，經國先生有很多很多回憶，跟我們述

說，他是津津樂道，我們聽得滋滋有味。每到某一地點於他有特殊印象者，就必停車下來走動，瀏覽景色。我發覺，他想多看幾眼的地方，都是工程格外險峻艱難之處，他的回憶也格外深刻。就因這樣，我們的行程常常繞道支線，多了不少彎路，速度較為緩慢，還因在大禹嶺、合歡山、昆陽等多處停得稍久，時間上當天（第二天）已不及到達太魯閣。於是院長決定改走另一支線，傍晚可抵屬於太平山林場管轄的棲蘭山莊，地點位在宜蘭縣和花蓮縣交界的山區，次晨就可由花蓮坐臺鐵火車返回臺北。

到達棲蘭山莊時，天色尚有光亮，我們下車觀看四周景色，深為那兒清幽的環境吸引。山莊本身建築，是磚牆黑瓦、藍色木板門窗，甚是樸素，由行政院退除役官兵輔導委員會森林事業處建造，用作出差員工過夜住宿的招待所，置有管理員，所以我們要去

投宿，不成問題。（其實院長知之甚詳。）

　　我正在山莊門外，注視門口兩旁庭柱上各掛著一幅木製對聯，上面刻著的聯句是：

　　「未晚先投宿，雞鳴早看天。」

　　忽然背後有人問我：

　　「字寫得怎樣？」

　　我簡單回答：

　　「渾厚有力。」

　　轉身一看，問話者竟是經國先生。他說：「那是我寫的。」

　　我當時暗自慶幸，未曾冒充行家，妄作批評。

　　但是，院長又說：

　　「好像你對那幅聯句很有興趣？」

　　「是很有興趣，而且還有親切感。」我答。

　　這時管理員請大家進會客室坐下，給每位奉上熱

茶一杯。我一邊喝茶，一邊向經國先生報告，敘述抗戰期間，我時常在大後方西南公路旅行，每次投宿客棧，店門口總有二盞黃色紅字大燈籠，上面寫的就是那二句話，旨在提醒行路人，要在天黑以前找妥客棧，次晨雞啼時就該準備趕路。那樣溫暖的叮嚀，給旅行趕路的人，真有親切之感。

經國先生聽了頗有同感，便說：

「我寫那幅對聯，就有這個意思。」

• 總統視察澎湖防衛司令部，每於公務完畢後，喜邀隨行人員同去澎湖西嶼島一家名叫清心餐廳的飯店，品嚐海鮮。我想原因之一，可能是他們所煮的魚蝦之類的菜餚，近似寧波口味。

某日同行人數較多，計有司法院汪副院長道淵、郝參謀總長柏村、本書作者我、周侍衛長仲南，以及

醫官、武官等人。那大總統興致甚好，特邀店東呂君同席。

酒過三巡之後，總統特問呂老闆大名，呂君直率回答：

「我的名字叫酒瓶。」

總統一時未曾聽懂，再問哪兩個字，呂君又爽快回答：

「我喜歡喝酒，所以就拿酒瓶當名字。」

總統聽了眉頭一皺，覺得實在不雅，於是又說：

「我替你改個名字，好嗎？」

「謝謝總統，我用我的名字三十多年，覺得很爽。但總統要賜我新的名字，當然歡迎。」

總統稍稍沉澱一下，說道：

「我想改你的名字叫呂九屏，與你的原名諧音相同，但比較多點文化。」

呂酒瓶不管懂或不懂，立即站起，向總統深深一鞠躬，把滿滿一杯高粱一飲而盡，並又斟滿一杯，說：

　　「請在座各位長官作證，明日我就去鄉公所，辦理改名手續。」

　　餐會將結束前，呂酒瓶向一位侍衛官悄悄地問：

　　「九屏是什麼意思？我又不敢向總統請問。」

　　侍衛官暗地來問我，我就要他轉告呂酒瓶：

　　「九屏的意思，就是他會得到九道屏障的保護，他很有福氣。」

二十六、設「副主席」？

七十四年十月初，總統主持國民黨中常會後，返回總統府辦公室，我正好走過三樓長廊，總統對我說：

「我已否決了他們設副主席的建議。」

「您作了明智的抉擇。」我謹慎地回答。

稍早大約二個月前，總統曾經和我談及黨要不要設副主席的問題。當時就有不少人認為，副總統人選既已產生，就應順理成章，考慮循例恢復設置副主席，言外之意，當然是指李副總統應可兼任黨副主席。

不過那時總統未作明確表示。他在考慮，目前黨中央常會採取由全體中常委輪流主持會議（主席不克

親自主持時）辦法，就是黨中央短期內暫採集體領導，等到運作相當成熟時，再由全代會推選副主席。

　　總統未曾明指李副總統，但有幾句話卻是為李著想，他說：

　　「黨齡尚淺，黨內資望不足，過早觸摸黨魁或副黨魁的冠冕，不見得一定有利。」

　　很明顯當時總統不急於在黨內增設副主席，應是正確和穩健的決策。但幕後推動者（不必指明），急於鞏固權位，乃請幾位常委，正式出面向主席提出建議，於是總統兼黨主席不得不作出明白的否決。

　　當時我說「明智的抉擇」，對照總統辭世後二個星期，國民黨中常會倉促通過推選李登輝為中國國民黨代理主席，前後對照，後者不免予人有草率之嫌。

二十七、最後的會面和最後的微笑

　　那是民國七十七年一月十二日，那是我最難忘的一天，因為那也是我預先不知，即將要和總統永別的一天。

　　下午三時三十分左右，我的祕書進入我的辦公室，說：

　　「武官來電話，總統有請。」

　　我循著三樓長廊，西邊晴朗的冬陽，直射屋內，讓走在廊上的我，感到濃濃的溫暖。

　　走到內會客室，照例啟門向總統鞠躬行禮，可是立即感到與平日有些不同。通常除非接見外賓或主持會議，總統照例在冬季穿著一件大家所熟悉的土黃色夾克。而我知道當天下午並無那些節目，但他卻穿得

極為整齊，深青西裝，潔白襯衣，繫了紅藍斜條領帶，顯得神采奕奕。坐定靠近時細看，更覺總統那天容光煥發，我內心暗喜，默祝他政躬康泰。（但按民間俗諺，莫非那就是迴光返照？）

我首先向總統報告，推動隔離四十年終於開放的大陸探親案，進行非常順利。領表申請登記人數已近十萬人，已經出發成行的也有一萬餘人，民間都在說，這是政府最大德政之一。

總統聽了，至為高興，好似他已看到兩岸間親情團聚的溫暖畫面，露出了他最後一次的微笑，並且又重複了一句他說過的話：

「這件事我們做對了。」

我說：

「這是總統一貫慈悲為懷施行仁政的典範。」

談了幾個問題，正要辭出，總統忽然又告知我：

「明天中常會，我準備試試身上綁個護腰去開會，看看是否會較舒服些。」

既欣慰，又興奮，這是以我自己的經驗，對他多次的建議，被採納了，顯示他有克服病疼的自信。

詎知第二天上午，七海寓所傳來消息，總統身體不適，不去主持中常會了。過了中午，竟傳噩耗，總統大量吐血，猝然崩逝。

晴天霹靂，怎能相信？待我匆忙趕到七海寓所，他已安詳地永息了。我含淚走進他的臥室，仍然向他一鞠躬，低語一聲：

「總統，您真的解脫了，願您在天國平安。」

但是我心中卻另有二句話未曾說出：

「總統，您走得太倉促了，您病得太冤枉了。」

* * *

以上所記，拉雜寫來，似嫌瑣碎。但因所記時間、地點、人物各有不同；每一記事，各有不同意義，各有不同啟示，所以筆者本人不擬節略或刪減，而且甚願與讀者朋友共同分享。

　　《總統與我》的記事部分，到此打住。雖然還有很多可記的事，但記憶若非百分之百完整，祇能從闕，多請見諒。

貳

思索篇

上篇記錄了《總統與我》不少互動與對話的事實，讀者朋友中可能會有很多疑問，那些全是真的嗎？說實話，有時連筆者本人自己，也有疑惑，那些故事怎可能發生？但事實就是事實，真情就是真情，確實沒有半點虛假。

要解惑或釋疑，就得從頭說起。

為了要儘可能說明真相，那就得像講故事一樣，慢慢思索，逐一道來。

先要交代清楚，經國先生與我的關係，基本上可用「素無淵源」四個字來概括。

* * *

（一）

民國六十一年六月一日經國先生就任行政院院長以前，我和他未曾有過一次單獨會面，也沒有一次直

接面談，可以說，就是毫無關係。

當時我是行政院編譯室主任，照例與院本部一級單位主管，向卸任嚴院長家淦請辭，但嚴院長未予批准，原因說是新任蔣院長指定讓我留任。

我的第一個疑問從此發生。既然互不相識，何以命我留任？我沒有顯赫的家庭背景，也沒有亮麗的學歷如留洋的博碩士學位，更沒有攀龍附鳳的人際關係，那怎會指名留任？我一團迷霧，曾問嚴院長緣故，嚴靜公也答說不知。這是我最初遇到且不解的第一個疑題。

（二）

第二個疑題突如其來，經國院長還未正式就任，也還沒有和我會面，就傳話要我替他撰擬去立法院報告他的施政方針的講稿，這可真是難題，連請示講稿

大綱，也回示由我自行撰擬。結果是我盲人摸象似的所撰講稿全部採用，一字未改。

這種在官場中罕見的怪事，實在不可思議。當時我想，如果往後交代任務，都是這樣「突如其來」，我實在不能勝任。

但經國院長上任第一天，就把我的顧慮打消。他把院本部內部組織調整，把我放在最靠近他的位置，並連說希望合作。我祇能暫排疑雲，唯命是從。

不到一年，我又被擢升為行政院副祕書長，我心中的疑問更重。經國先生的眾多門生舊部，其中不乏菁英才俊，何以並不延攬，卻對他未及一年的新進部屬，信任有加，也未深度考察我的人格品德，豈不特殊？

後來不久，經國院長終於說出，他對我的信任，是因為他看過我幫嚴先生寫的文章，所以確認我能勝

任他所交付的任務，總算解答了我的第一疑題。

原來文章是疑問的關鍵。但我對自己的文章，卻無足夠的自信。至於品德，我倒是具有深度的自我認可，絕對清白、忠實、誠懇和廉潔。

或許經國先生在這方面，已有他的觀察與考核，因之在十六年的長期追隨中，品德是從來未被考慮的問題。

（三）

很多越乎常情，讓我引起疑問的事例，在前篇〈記事篇〉中，隨處都有：經國先生對我弱智幼兒的關懷，延請名醫診察；對我眼疾住院開刀，親往醫院探視慰問；對我幫助他工作的嘉許，甚至認為我是他工作伙伴之外，更是感情伙伴，諸如此類給我的熱忱與愛護，確是讓我覺得「受寵若驚」。

我就時常自問，從開始指名要我留任，到十六年後總統猝逝，讓我無時不在感恩之中。感的是什麼恩呢？當然是知遇之恩。但那樣短促的「遇」，竟能產生那樣長期的「知」，究竟什麼力量有以致之？

　　在我百思不解的疑問中，得出的答案是個「緣」字。佛家說，遇相契者曰有緣法。總統與我因文字而相契，而結緣，並且保持到有生之年的長久，可稱「奇緣」。

（四）

　　奇緣中有很多默契，毋須利用語言傳達，就可得到相知效果，諸如要外交部糾正錢代表的公文，留中不發，就是一例。之外，有不少悄悄話要我傳達，例如對教育部蔣彥士部長的辭職案，對孫院長運璿作謹言的建議，都是善意。又如當著我的面前，指俞國華

院長「糊塗」、指李煥部長說「讓我失望」，又對改任中國國民黨中央委員會祕書長的蔣彥士表示痛心等。我的推想是，經國先生一向與人為善，不願面對面地傷了和氣，也為顧全對方感受，於是我便成了「傳令兵」。

（五）

但許多特殊任務中，最令我困惑、而且直到現在依舊百思不解的是，要我夫婦陪同張學良夫婦訪問金門。

張學良是民國二十五年十二月在西安發動兵變，扣押蔣委員長的主角，成為轟動全球的新聞焦點人物。那時我剛上大學，跟全國的熱血青年一樣，憤指張學良是國之叛徒。其後事變平息，張竟親自護蔣飛返南京，而被軍事法庭判處無期徒刑，但又被赦免，

卻予終身軟禁，失去自由，之後因戰爭關係，輾轉押送來臺，繼續予以看管，張學良與老蔣總統間的關係錯綜複雜，甚至恩讎難分。

直到六十四年蔣公逝世，張學良的人身自由獲得有限度放寬。其間經國總統對張氏的處境，明顯較為同情，所以不但同意他去金門訪問，而且交代軍方善予接待。

國防部已經指派副參謀總長馬安瀾上將一同前往，然而經國總統卻又命我偕同內子陪伴同行，當時我還請示「合適嗎？」總統說很合適。

衡情而論，馬是東北人，與少帥同鄉，是軍人，現役陸軍上將，身分確當。而我則是南方人，一介文士，對軍事學識，一竅不通，對談必難暢順，因之我自認這項任務並不合適。

國防部對於張氏此行，安排得十分周到。金門是

戰地前線，戒備森嚴。張學良是當年東北軍少帥（其父死後便成主帥），奉軍進關，聲威顯赫，對軍事部署和戰事設施當然深為瞭解，所以對金門防衛提出一些問題，都由金防部司令官或副司令官一一回答，讓少帥至為滿意。

巧的是，張學良夫婦和我與內人都是基督徒，都很虔誠信主，因之一日行程中，二位女士談得十分投契，還允以後多多互通福音，讓我這個陪伴角色，倒很輕鬆。

一整天的考察訪問，張學良年近九旬，始終精神奕奕，不覺勞累，傍晚圓滿結束行程，乘坐軍方專機飛返回臺北。

次日向總統復命，勉力完成任務，認為可以交差。詎知總統卻以頗有感性的語調說：

「漢卿非常寂寞，以後你可常去他家陪他聊

天。」

這是一個奇特的任務，以我的各種條件而論，我認為無一合適去作少帥的談友。但這是交代的任務，我祇有遵從。所幸十餘年間，我竟成了張學良的忘年之交，未有差錯，直到他遷居夏威夷為止。

想來想去，令我百思不解的疑題，終於有了自認合理的答案：我們都是姓張！

無論如何，從我的觀察中，張學良是一個正直的人。有軍人氣概，不說謊話。對所犯錯誤，自認「千古罪人」。不失為是個大丈夫。至於趙一荻夫人，終身陪伴張學良共度患難數十年，堪稱是位有情有義的奇女子。

（六）

前文〈記事篇〉中，曾提到總統要我檢閱「大溪

檔案」中有關「二二八事件」的卷宗，看看當時中央政府（國民政府）對該一事件的處理，作了什麼樣的指示？有無失誤和責任？

我遵命去了大溪，調閱有關檔案，攜回總統府，詳細檢閱二天，我的結論是：「中央的指示，至為公正，建議不妨公開史料。」但總統並未同意，亦未說明原因。我當時的推測，是總統顧慮臺獨份子結合異議人士，再度引發爭議。

但這個事件一直被黨外人士和臺獨份子利用，作為攻訐政府的藉口，並煽動省籍情結，製造分裂。甚至誣陷國民政府蔣中正主席為二二八事件的「元凶」，用心惡毒，至為遺憾。因之我想把我檢閱大溪檔案中有關二二八事件，當時中央處理的經過，扼要再予重複敘述一次，至有必要。

民國三十六年二月下旬至三月上旬，其時國共內

戰方酣，遍地烽火。國府蔣中正主席，親自指揮作戰，正是軍書旁午、戰情緊迫的時刻，尤其保衛濟南戰役，一髮千鈞，足以影響全面戰局。而此時臺灣「二二八事件」驚訊傳至南京，震動國府中央，以致蔣中正主席不得不轉移心力，緊急處理臺灣突發事件。蔣主席除責成臺灣行政長官陳儀妥善應變外，並立即指派國防部長白崇禧赴臺宣慰。但稍後中共見機插手，事件嚴重擴大，全省陷入暴亂，國府中央乃應陳儀長官請求，派遣國軍二十一師，抵臺平亂。

在這一段過程時間內，我所檢閱的檔案卷內，隨處可見蔣主席親自核批的電報、親筆所寫的手諭或是親自口授的指示，無不三令五申，嚴令中央軍隊，保護臺灣同胞，不得有任何報復行動，也不得追擊遁入山區的民軍。對於滋事民眾，只許追究首惡，其餘一律免究。被捕者如屬平民，一概移由司法機關審理。

同時嚴令所有軍政人員一體遵守，否則依抗令論罪。

以上種種，在案卷內白紙黑字，史實俱在，該類案卷應在國史館或檔案局保存之中，現在政權已經政黨輪替，所以我要在此表達我的最大願望：

公開當時國民政府處理「二二八」案的全部卷宗原件。

不得竄改史實。

不得增刪案卷文字。

不得剪接檔案卷頁。

讓歷史事件真相公諸於世，讓歷史事件的是非由公眾判斷。過去少數偏見人士，妄加罪名於特定個人的惡行，應由具有正義的公民大眾加以譴責，恢復受害人的正當榮譽。

我的願望，並無意氣用事，祇是事隔幾十年後或可算是遲來的正義之聲，至望國史館或檔案局以及本

書的讀者朋友，惠予諒解和支持。

＊　　　＊　　　＊

思索過去由「奇緣」產生的種種往事，上篇〈記事篇〉中已有概述。在追隨十六年中，我自認溫良恭儉、誠慎信實，可以無愧於心。

但數年之後，我誠實地作了一次自我反省和檢討，不能不坦認，在副總統候選人提名過程中，我未向總統陳述我心中的一個疑問，是犯了一次過錯。

事實經過，需要增添幾頁篇幅，加以記述。

民國七十二年的秋季，正是中國國民黨醞釀提名下任（第七任）副總統候選人的緊張時刻。那是中華民國的一件大事，國內外華人世界都在熱切期盼，也在熱烈議論可能出線的人選誰屬（詳細經過參閱拙著《蔣經國晚年身影》第 177 頁至第 200 頁）。依一般

社會反應，時任臺灣省政府主席的李登輝將獲提名的可能性較大。

實際上，總統心中屬意的人選，雖未明白表示，但在我看來，已有若干跡象，幾乎等同某種程度上已有暗示。例如：

• 七十二年夏季某個週末，總統要我同去中興新村臺灣省政府李主席官舍，與李共用午餐。這是個示好的表態，李夫人曾文惠女士忙著與我內子打電話，討論菜色及接待禮節。結果當日清茶沁喉，淡飯可口，賓主盡歡，李在候選名單上得到加分。

• 同年秋，臺灣省議會舉行當年第二次會議，依法請省主席蒞會報告施政並備質詢。輪到黨外議員聯合質詢，提出臺灣獨立議題，詢問李主席持何立場？李主席即席答復：「中國歷史沒有拋棄臺灣，臺灣怎能脫離中國大陸？」當日晚報紛紛刊載議員和主席詢

答全文。我把報紙剪下，劃了紅線，即時呈送總統核閱。總統一邊讀報，一邊頻頻點頭，連說：

「很好，很好。」李的計分簿上又加了幾分。

• 隔了一天，總統又吩咐中央黨部祕書處，下個月的中央常務委員會議，安排臺灣省政府李主席作省政報告。（相距時間大約半個月。）

• 同一時間，總統交代任務，要我替他準備一份下月中常會聽取李主席省政報告後，給予嘉許的講稿，還特別補上一句：「多給一點獎勉鼓勵。」

以上幾件事例，很明顯透露，總統暗示他心中的人選已有定奪。而那些暗示中，包含著我的若干暗助。特別是李主席答復黨外議員兩句對仗式的答話，使得總統相信李心中對中華文化意識和中華民國法統具有很深的忠誠度，加強了總統對副總統人選的腹案，更為堅定。

但是，我對那二句話卻起了疑問。因為李主席平時的言論用語，很少像在省議會上那樣所說較有文化的字句。因之，就在那天將要下班的時刻，我用電話向省府劉兆田祕書長詢問：

　　「今日李主席在省議會黨外議員質詢的答詞，是你們祕書處幫主席準備的嗎？」

　　「沒有。」劉祕書長直接回答。

　　「那你可知道誰幫李主席寫的呢？」

　　「我也不知道。」劉又直截了當地回答。

　　這就引起我更大的懷疑，我試著自問自答，難道當時李突然福至心靈，急中生智？或是他內心已有準備，早有腹稿？甚或為了增加總統對他的信任度，刻意暗通黨外人士在省議會演出那樣詢答的一幕？

　　我給自己的答案，前二項皆無可能，但第三項的可能性卻不能排除。於是我內心有了矛盾，該不該把

我的疑問向總統報告？

所謂內心矛盾，是因我有正反兩種想法。

正面想法是向總統報告我的疑點，需否進一步派員調查，請總統考慮。

反面想法是不必向總統報告我的疑點，因為李的言行，總統必定知之甚詳，副總統人選提名也必已經胸有成竹。此時提出疑點，恐將擾亂全部提名程序，不無節外生枝之嫌。

我的斟酌結果，採取了後者，於是提名人選一如預期順利產生，且經國民大會通過，李登輝正式當選為中華民國第七任副總統。

然則，若干年後的政論和輿情，對李的種種不當行徑，大加抨擊和指責，甚至連累到經國總統被評為識人不清、用人不當。我在自我反省檢討中，自責未向總統進言是犯了錯誤，但此時已經後悔莫及。

在李就任副總統後，經國總統對李依然寵信有加，所以所有人都說，李的變節叛黨，是在經國總統逝世之後，其實他的心態早已改變。

依我個人對李近距離的觀察，在他擔任不到四年的副總統任內，他的心路行徑，已經開始起了變化。原因可能是起於經國先生否決了國民黨設置副主席一事，在李認為，那是對他爭取權位之路一項挫折。感到失望之餘，政治野心不但未稍戢止，反倒加強更大慾望。

李對經國總統外貌恭順，依然一如往昔，但對總統因特殊信任而交付的任務，則作選擇性的處理，有的如命遵辦，有的則陽奉陰違、敷衍了事。最顯著的例子有：

• 高雄縣有一名為雙連崛的山區，杳無人煙。後來一九六〇年代被新約教會的一批信徒占用，自稱願

為開墾，並建造進入山區大門及教堂等房舍，把山區改名為錫安山，自認猶如摩西留在西奈山一樣，那是神的意思，要他們留在山區，視山區為他們私有社區，因之附近居民出入不便，屢起糾紛，破壞社會秩序。到了一九七〇年代，政府推行「清岳專案」，以警力驅離錫安山上的新約教徒，形成警民衝突。李任臺灣省政府主席時，亦未能妥善處理且進展到法律訴訟。因之經國總統亟望能由李副總統的影響力從中協調，取得和諧解決。但李並未認真進行協調，以致新約教會徒眾，於民國七十六年八月間，北上直達總統府進行示威抗議，並且舉牌對總統汙衊。總統辦公室隔窗可見，祇能視在眼裡，氣在心裡，對之無可奈何。

‧上篇〈記事篇〉又提到，七十六年七月底，總統邀請十二位臺省耆老，到總統府茶敘請益，旨在誠懇交談溝通，所以特別要我於確定名單後親身分赴各

位長者府邸，面遞總統親自簽名的邀請函，以示尊重。而李事後公開表示那是總統指示他「召集」長者來談話。為何李要把總統的「邀請茶敘」改為「召集談話」，用意何在？（不無扭曲總統善意之嫌。）

• 之外，邀請名單，最初總統命我與李副總統商擬，呈經總統核閱同意後，由我分別送出。可是到了茶敘當天中午，經辦單位第三局交際科卻說，副總統辦公室交下一份新的名單，其中更動了一位長者的名字。事前我並不知道，甚至總統也不清楚，所以茶敘結束後，總統還問我，某某先生今日怎未參加？但事後李副總統卻說名單不是由他選出，同樣不知用意何在？

• 茶敘中，總統用他累積心中甚久的誠意，說出了他的肺腑之言，「我也是臺灣人。」照理，副總統對此理該作出適當的反應，或帶頭引導大家鼓掌，或

發言表示讚揚，並請在座耆老們在民間作出響應。然則李在當時未有任何表態，於是那麼令人感動、出自總統親口說出的一句嘉言，就在寧靜中漸漸淡去。除了次日新聞報導或政論中偶被引用外，無形中已被冷卻消失，反被李在別的場合解釋為「本土化」的新招。我真正不知這又一次的「用意何在？」是什麼意義？

上述各點，並非筆者偏見，對李刻意挑剔，而是完全依據事實，記錄當時情景的真相罷了。其實論李與我二人私交，從李被任行政院政務委員開始，一直保持很好的友誼，連內眷都有往來。在副總統提名過程中，他也知道我對他的支持，所以多次向我表達謝意。但自他就任副總統後，由於旁觀的機會較多，因之發現上述的幾種「不知用意何在」，讓我感覺到他的性格不很簡單。日子久了，我更肯定他是一個心機

複雜、極有野心的政治人物，因之我對他的觀察較為仔細。

• 再想提到經國總統剛剛逝世後不到一個月內兩項頗為奇異的事件。

先說大家熟知的所謂「臨門一腳」怪事。一般人都以為，李既接位總統，請他代理黨主席應是順理成章，但黨內很多資深元老，以及經國主席三年多前對應否復設副主席時的見解，仍為多數忠黨同志所認同。所以李認為要經全黨代表大會，或全體中央委員會議通過並無把握。因之據我判斷，李與宋有了密謀，想在一月二十七日中常會上，以全體常委連署的同意書，提出臨時議案，以突襲方式通過，推舉李為代理黨主席。

我之判斷，是以我在常會之外另一場景親眼見到的實況為依據，並非妄自推測。

二十七日上午九時半稍後，李副總統辦公室來了電話，說副總統要和我談話。於是我立即過去，看他獨自一人，在室內徘徊。見到我以後，各在沙發坐下。但是談話顯無重點，而且心神不定、坐立不安的樣子。我問：

　　「今天不是中常會開會嗎？您怎未去？」

　　「我今天請了假，不出席會議。」

　　這樣又過了一些時候，副總統辦公室的蘇主任敲門進來，向副總統耳邊悄悄說了幾句話後退出。李副總統轉過頭來對著我說：

　　「剛才常會通過臨時提案，推舉我為國民黨代理主席。」

　　說話時，神情輕鬆，面帶笑容，無異告訴我，計謀已經成功。我說了一句「恭喜」之外，沒再說其他的話，隨即辭出。

事後我才知道，半夜裡曾有驚魂之夜的波濤。蔣夫人送了一封信給李煥祕書長，希望暫緩推選代理主席。李煥原先已與俞國華院長談好在常會議程完畢後，由俞以臨時動議方式，討論代理主席案，但是蔣夫人既有來信，俞院長的態度不免顯得有些躊躇。於是李煥及宋楚瑜連夜密商，秉承李登輝意旨，要求俞院長務必於次日將全體中常委連署同意書帶至會場，以備必要時提案需用。俞院長個性柔軟，接受他們意見，把連署同意書帶在身邊，未再顧慮蔣夫人信函的影響與後果。

　　果然，中常會結束前，宋楚瑜演出「臨門一腳」的怪劇，提議討論代理主席案，俞院長將案件交予當日常會輪流主席（中國時報余董事長紀忠）付諸表決，結果以起立方式鼓掌通過。怪劇瞬即落幕，李登輝必定十分滿意，未當副主席，卻直接當了代理主

席，豈不更好？

事情如此快速進展，滿足了李登輝爭取權位的慾望。以我當日在第二場景所見另一幕的演出，李從坐立不安到欣然喜悅，我可以判斷，他和宋楚瑜的連夜密謀，已告成功，所以自然地露出高興的表態。

論功行賞，李登輝明知李煥及宋楚瑜各有圖謀，他就利用他們這一弱點，讓他們為他全力奔走，儘先由他自己當上代理主席後再作計議。

我又開始進一步瞭解到李登輝心機之深與狠。

• 至於另一件怪事，時間上更早一點，那是七十七年一月十七日，距經國總統逝世僅四天。下午三點，治喪大員第一次舉行大員會議，會議由剛接任的李總統登輝主持，會中決議成立治喪辦事處，派我擔任總召集人，綜理治喪事宜。

四時卅分，會議結束，我正整理各項文件，準備

處理後續事宜，突接玉山官邸電話，總統要我即刻前往，有事面談。我即匆忙趕赴愛國東路，以為總統對治喪事宜還有新的指示，哪知我一進會客室，李總統立即命令關閉房門，與我同在沙發坐下，開口便說：

「沈祕書長（指沈昌煥）年齡大啦，健康又不太好，需要休息，我想讓他辭職。總統府祕書長一職，請你繼任，沒有意見罷？」

我聽他的話，暗吃一驚，尤其他的口氣，似乎認為我必定同意。但我當時想的頗為複雜。何以如此匆忙，要請沈辭職？他不能容忍身旁有位年長資深的幕僚長，這種心情可以理解（我也比李年長五歲），但是動作這麼急迫，甚為不解，因之我當時委婉答道：

「謝謝總統好意，但國殤期間，民心不安，此時政府更動高層首長，恐怕不大適宜。」

我的答話，似乎讓李意外，也有些失望，但他也

不能不認為我言之有理，於是說道：

「那就過些時再說吧。」

國殤事宜，乃國家何等大事，所以我和治喪辦事處全體同仁，無不含哀謹敬從事，務必準定於元月三十日下午一時二十分（分秒不差），恭奉經國總統靈柩安厝於大溪陵寢正廳。安靈禮成後，李總統還發表簡短談話，勉勵國人以哀悼誠敬之心，實踐經國先生遺囑。

在那兩週期間，我全心全力忙於治喪事宜，已經忘掉所談更動祕書長一事。同時也認為李總統既已同意暫時擱置，目前應可免談。

詎料一月三十一日，就是經國總統靈柩奉厝的第二天，李登輝總統一早就找我談話，開口第一句便說：

「現在國殤期間已過，上次所談請你接任祕書長

一事，是否今天可以決定？」

　　如此快速的緊迫追問，確實讓我驚訝，於是我的腦子也必須快速動員思量。他那樣急切地逼沈走開，讓我接任，明顯是以我為除沈的墊腳石，我不能受此手段利用，與其將來不歡而散，不如現在謝辭。同時另一觀念很快進入腦海，古訓：「良禽擇木而棲，良臣擇主而事。」我豈能隨波逐流，免得以後不歡而散，於是也快速回答：

　　「謝謝總統好意，但我也年已七十，而您正擬大展新猷，恐怕力不從心，不能配合。所以祇能辜負提攜。我的建議，最好在七月舉行十三屆全代會後，再作通盤考慮，較為適當。」

　　我相信，我是第一個不受抬舉、推辭李登輝總統的器重（或者說得難聽一點，「不受利用」）的笨蛋，但我無悔。

之後，當我屆滿七十足歲不久，正好沈祕書長在中常會猛批執政同志背離國策，想與蘇俄有所接觸，而被迫請辭時，我亦遞呈請辭退休，從此李總統與我便無往來。

可是我想藉此機會，藉本書篇幅，作一澄清：

一九九七年，王力行女士和汪士淳先生合著一本大作，書名為《寧靜中的風雨》，記錄蔣孝勇先生的口述，其中第 225 頁至 226 頁的標題是「早已有一批人串在一起」，末段說：

「父親過世後，在李登輝身邊就形成了一個小圈圈，包括蔣彥士、宋楚瑜、宋心濂、張祖詒等都是。」

那新書是在一九九七年的六月出版，其時我在九年前已經辭職退休，寓居海外，所以未曾看到新書的發行。最近因撰寫本書找資料，偶然發現《寧》書，

翻閱後看到上述文字，覺得非常可笑，大概孝勇兄對我瞭解不夠，或是傳聞有誤所致。

繼〈記事篇〉後，再寫〈思索篇〉，感到千思萬慮，總是言不盡意。但有一句話，多年來我未曾或忘，是我在反省檢討中，沒把省府李主席在省議會所講「臺灣怎能脫離中國大陸」那句話的真偽，向總統多進一言。萬一總統認為值得考慮，而且真的另提人選，那麼今天的政局將是另一樣面貌。儘管可能性極微，但我仍要自認，那是我的一個過失。

至於李登輝當選第八任總統後種種言行乖謬，走向臺獨，以及「善偽」、「善變」的詭詐伎倆，不在本書論述之列，恕不贅言。

参

追念篇

國人對經國總統鞠躬盡瘁，深耕臺灣，創造出「臺灣奇蹟」的豐功偉業，永遠在每個人心中追思感恩，已在國內外報刊書籍多有紀載，且由歷年民意調查中，最受愛戴擁護的國家領袖始終都是經國總統榮居首位，毋須本書再加贅述。

　　但我要指出，經國先生在他治國十六年中，為中華民國在臺灣創出一片前所罕見的燦爛天地，是他用智慧開發經濟、用毅力澄清吏治、用決心革新風氣、用堅忍處理危機、用勤奮推動政事、用親和凝聚民心、用無私調和異同等等種種特有的風格，得到罕見的成果，則是民眾念念不忘、難以釋懷的根本原因。

　　經國先生的許多警世名言，也讓國人無法忘懷。例如「今日不做，明日便後悔」成了完成十大建設的動力，也是宣布解嚴的精神基礎。又如「權力行使很

容易，但何時不用它，則很艱難」，成為慎重處理政治暴力事件的基準。再如「時代在變，潮流在變，環境在變」，則是認知必須改革的前提。更如「本土化的意識，是要凡百施政和建設的成果，落地生根」，基本改變了所謂「崔臺青」的錯誤看法。

尤其在行政革新方面，從革新的目標、觀念、態度和做法，說了很多頗具哲理的金句，不僅是對公務人員的誠懇訓誨，也是一般為人的至理名言，諸如：

「要為工作而生活，不要為生活而工作。」

「犧牲享受，享受犧牲。」

「憑良心負責，盡力量做事。」

「開大門，走正路。」

「坦坦蕩蕩，公正無私。」

「不說自欺欺人的話，不做不可告人的事。」

諸如此類的嘉言，不勝枚舉。因為句句都由他親

口說出，而且他本人以身作則，他的言行和做人處事就是這樣的風格。因之從沒有人稱那些名言為口號，大家祇要一聽，就能記在心頭，付諸實踐。當時的政治清明，便是從這些名言中陶冶出來，讓人起了無盡的追念。

民國七十七年五月三日，農曆三月十八日，是經國先生七十八歲冥誕（足齡），距他逝世 111 天。我一早走到總統辦公室和內會客室的門外，站立默哀一分鐘，最後我還是從心中說出我在七海向他行最後一鞠躬時沒有出聲的二句話：

「您走得太倉促了，您病得太冤枉了。」

因為在我眼前，突又湧現總統送客後抱著兩腿呼喊「痛、痛」的慘酷鏡頭，不由不為之叫屈。

一位國家元首，於見客之後竟然不顧尊嚴，抱腿叫痛，想必已受很多委屈，忍無可忍，才會如此失

態，所以我深深佩服經國總統是位勇者，原來許多年來，他一直都在抱病登場，力疾從公，與病魔在搏鬥，而且充滿自信，絕不向病魔屈服，這與他一直不向惡勢力低頭的勇敢精神，全然一致，也毫不遜於沙場作戰的將士們，甘冒槍林彈雨、衝鋒陷陣的英勇。可是總統乃國之元首，要在國務叢脞、日理萬機之中，含著身上疼痛，終日處理國事，則他的忍耐力和抗壓力之強，實難想像。稱經國先生是位勇士，毫不為過。

我看過經國總統在辦公室批閱公文時的凝思和專注。

我看過他主持會議時的明智和果斷。

我看過他召集座談會時的開放和明朗。

我看過他檢閱部隊時的莊嚴和威儀。

我看過他巡視基層時的關懷和嘉勉。

我看過他參觀學校時的興奮和喜悅。

我看過他探望榮民時的慈愛和善心。

我看過他訪問民間時的和藹與親切。

我看過他考察工廠時的讚許和鼓勵。

我也看過我們隨行時，在途程中或休息時他的輕鬆、幽默和風趣。

但我從來沒有一次看過經國先生大發雷霆，即使他極不滿意，仍有克制。舉一事為例，美國與我國斷交後，仍依「臺灣關係法」提供我國防衛武器和軍備。惟軍品種類和數量頗有商議空間，也是對岸情蒐重點，所以必須保密。但新聞媒體時常報導，不論報導內容是否屬實，卻給政府增添無窮困擾，總統當然非常不滿。

他亟想加以止制，但他並未擅用威權，而是擇定一日，邀請各大媒體老闆或負責人到總統府座談。當

時氣氛確很凝重，大家正要聆聽總統有什麼指示，但總統卻僅說了一句話：

「這個樣子，我這臺戲實在唱不下去了。」

各大報業鉅子，聽了無不感動，也無話可說，但之後報刊版面清淨多了。總統的做法，所憑藉的支柱，祇是他辦公室椅子背後一塊石刻、也是他的座右銘上一個「忍」字。

另一件我從未見過的奇異現象，便是那次總統見客後抱腿喊痛。那次的景象讓我留下椎心之痛，畢生難忘的記憶，也所以在我內心會萌生「您走得太倉促，您病得太冤枉」兩句不合格的誄詞。

我對醫療衛生的常識，極為貧乏。平時身體小有不適，或輕微感冒，也很少就醫。所以那次看到總統喊痛，確是相當驚恐，便自以為是地自我問些門外漢的話題：

糖尿病應該不是不治之症吧？我所認識的親友（包括我兒子）中，很多是糖尿病症患者，他們或由醫師治療，或自行打針，注射胰島素，都能不讓病症惡化，而能保留生命好幾十年。因之我一直認為總統的糖尿病並非絕症。然而總統最後病逝，據說還是受了長期糖尿病的影響。那麼在那「長期」之中，怎會未能控制病情惡化？以致威脅到整個身體健康甚至喪失生命，門外漢當然不懂。

　　聽說糖尿病會有多種合併症，一是心臟病，包括心絞痛、心律不整和血管硬化等；二是眼疾，包括白內障、視網膜剝離等；三是神經系統疾病，包括雙腳末梢神經感覺喪失，無法站立或行走；四是失眠症等。通常糖尿病患者有了一種合併症，便將增加很多痛苦。如果經國總統四種合併症同時併發，則其疼痛之劇烈可想而知，有沒有防制或抑止的療法？門外漢

當然一無所知。不過從那次抱腿喊痛看來，似乎有效程度的治療不多。

而奇怪的是，總統猝逝當天，曾經吐出大口大量的鮮血，當時僅有在旁的醫護人員，祇是值班的醫生，進行緊急搶救，沒有主任級的大夫或腸胃科的專家在場主持急救事宜，究竟大量吐血的突發狀況，為何那時出現？何以會有那樣狀況？吐出的血有無採樣以供檢驗之用？醫療小組提出的醫療報告中，祇說經國總統逝世經過，是因大量吐血，引發心臟衰竭，以人工心肺復甦術挽救無效，而在三時五十分心臟停止跳動。門外漢不懂，一位總統十年久病，而在突發大量吐血後，竟以人工心肺復甦術那樣簡單急救法無效而猝逝，不亦怪哉。

跟幾位稍有醫藥常識的朋友閒談，給我的印象是，糖尿病不會引發吐血，四種合併症也不應導致大

量吐血。因之，我這外行人有個愚見：

臺北榮民總醫院，不妨成立一個獨立專案研究小組，從事經國先生病情探討，把他最後十年的病史、病歷、各種檢查報告等有關資料全部檢出，邀請國內外知名醫界權威學者醫師，進行通盤綜合研究，看看能否得出一個符合實際、兼可預防未來的結論。這件雖是四、五十年前的舊事，但醫學與科技進步，學無止境，鑑往知來，或可有助未來發展。

愚者一得之見，能否獲得識者考慮，姑且拭目以待！

緬懷之餘，擬倣弘一法師「送別」詩句的情調，試寫「告別」歌詞一曲，聊抒無盡的追念：

西嶼灣，

大海邊，

浪花水連天。

細雨淋淋濕衣衫

遙望舊河山。

觀穹蒼，數繁星，

典型日已遠，

難捨明君撒人寰，

何日您再來？

　　每年一月十三日，從北到南，全臺成百上千的民
眾，必到大溪頭寮的經國總統陵寢行禮致敬，其中
包括總統生前的十二位民間好友，都是小本經營的商
人，即使上一代往生，後代仍不忘紀念。再如歷年各
種民調，經國先生始終居於最受民眾愛戴領袖的首位。
　　足見大家對他盛德遺澤的追念，永不止息。

肆

結語

筆者因奇緣而受知遇，而又進身政治核心，常情想來，必然是個政治人物。

可是我要特別表明，張祖詒生來就沒有政治細胞，對政治沒有興趣。然而人在江湖，怎能不入幫派？沒有錯，我就是不進染缸。所以我從來沒有成為政治人物。

但我是國民黨黨員，還曾當選兩屆中央委員，後又被聘為中央評議委員，不折不扣的藍營同志。可是我從來沒有參加任何政治活動，候選、參選、輔選、助選等熱情政治運動，一概未曾參與。

但選舉總統或舉行公投，則屬例外，因為那是國家重要大政，國民有投票選舉義務，我從不缺席。即使我在病中，也在得到醫師許可後，坐了輪椅，掛了點滴，進入投票所，投下神聖的一票。

我之堅持不參與一般政治活動，並非矯枉過正，

或沽名釣譽，而是我的性格，天然不喜歡成幫結派，走進群眾，大聲疾呼或搖旗吶喊，做一個熱血份子。至於柔性的論政或理性的主張，我不反對，但總不免黨同伐異，壁壘分明，那原是政治本質，無可厚非，但既與個性不合，就一概免了。

可是我雖不作政治人物，而在政壇活躍的好友不少。由於彼此之間沒有競爭或利害的磨擦，所以全無政治恩怨可言。唯有道義之交可保純粹友誼，而且終身之交，愈老愈珍貴（借用彭歌《三三草》中妙語）。

我的後半生（五十以後），在職場中幾乎全與筆桿為伍，由於我的主要任務，要為閣揆或元首處理一些文翰，最重要的是撰擬講詞、文告、訪談等稿件，一經發布，必然見於報刊頭條，於是許多友好，譽我為總統「文膽」。又把那些文稿，稱之為「廟堂文

學」。對我而言，這些冠冕過於沉重，也是虛榮。我覺得我只是一個文字工作者，在職位上所寫的許多文稿，最適當的名稱，應該名之為「官樣文章」。

那麼「官樣文章」寫多了，是否「官氣」很重，我倒可以肯定回答「不會」。因為那個時代的執政領袖，全力宣導和以身作則示範，「官」是「公僕」，一切施政要為「民」服務，實踐的政務也必以「民」為本。所以我寫的那些文章，都是「民」氣很高，而無「官」氣。

儘管如此，文章結構，還是會有無形的框架，不能不說給我的文思有些拘束。因之我曾有個願望，退休之後，要依我自己的思想，自由地寫我要寫的文章。

退休生涯，並非必然能夠實現自己的規劃。所幸感謝神賜予的奇異恩典，主耶穌基督的庇佑保守，在

我七十歲退休之後，原以為再過十年或最多再一個十年，生命定將終了。然而年過九十之後，體尚粗健，原有規劃，尚有餘力執行，於是再度執筆，伏案寫作，十年後已過百齡，竟然寫了兩本長篇小說、兩本散文，沒有一本談論「政治」大事（本書例外），自認那些才是我的自由之作，是我所願留下的文章，從此可以輕鬆結束壽命，無所遺憾。

又是意想不到，讓我不得不對上帝永遠感恩。祂既延長我的壽年，必有差遣，所以我禱告求神啟示。某日我書桌一張稿紙，忽然飄落地上，我彎腰撿起，靈感驟至，那便是神的旨意，命我不宜多所顧慮，正如筆者在本書前言中所述的各種猶豫，應該排除困惑做該做的事。於是我振作剩餘不多的智能，開始規劃執筆，撰寫本書。

或許神對我的信心不足，再要予我試煉。在我重

啟筆耕工作不久之際，突發心臟病，經醫診斷，認為要做更換心臟瓣膜手術。然而年事已高，進行那樣精密手術，不無風險。醫師們和我家人開會商討後，問我病人本身意見，而我給他們的答覆是：

「我的生命已經交託給天父，我的疾病則交給醫生。在醫療上該怎麼做，就怎麼做，其他我無意見。」

感謝主恩，手術經過順利，通過了神給的試煉關卡。再經復健功課和藥物治療，三個月的療養，感覺身體大致已有不完全的康復。但遵醫囑，寫作時間最初不能超過三十分鐘，之後逐漸放寬延長，直到一一〇年終以前，每日可以工作一小時又三十分鐘，方始能把全書寫完。

我之所以不厭其詳，將本書寫作經過，在本書〈結語篇〉中作了交代，是要彰顯神的大能，感謝祂

賜我智慧和毅力，遵從天父旨意，在我有生之年，完成我生命最後一件工作。

這本拙作，應該是我的最後一件作品。從此擱筆。以後，餘年無多，可以利用所剩不多時間，多讀好書，給我最後一里路的生命中，充實一點養分，不致虛空，希望我能如願。

果然，在過去不到一年中，深深感謝很多好友、也是文友陸續惠贈他們的新書大作，如孫震先生的《孔子新傳》、錢復先生的《錢復回憶錄・卷三》、關中先生的《川普和川普主義》、吳豐山先生的《紅塵實錄》、邵玉銘先生的《此生不渝》、張作錦先生的《姑念該生》、高希均先生的《進步臺灣》等等，都是經典之作的一等好書，足可讓我多所增益，也將是我今後餘生的滋補養分。

這裡我願先摘錄孫校長大作的一段話：

「在儒家思想中，倫理意識源自於人之所以為人的同理心（empathy）和同情心（sympathy）所產生的關愛之心，對他人的境遇感同身受，因此『己所不欲，毋施於人』、『己欲立而立人，己欲達而達人』。這正是孔子思想的核心元素——仁。仁是人生的終極目的（ultimate end），因此也是人的內在價值（intrinsic value），每個人為了追求自己的目的而實踐倫理，結果達成了社會的目的和諧與安定。」

孫震校長在他的大作中，把實踐倫理道德的意義和價值，闡釋得十分透澈。而我認為也正是經國總統治國理念中最主要的基因之一，所以我要節錄轉載，願與大家分享和共勉。

最近我又複閱一本舊書，那是本書前言中提到的《Johnny, We Hardly Knew Ye》，是由甘迺迪總統兩位老友，也是白宮高級助理歐唐納（Kenneth P.

O'Donnell）和鮑爾斯（David F. Powers）合寫的甘迺迪回憶錄。而這本回憶錄並非由甘迺迪總統口述，完全由二位作者根據他們的觀察、平時和總統之間多年來的互動與對話事實，予以整理記錄，加上各方面的資料，寫成一本非常完備、詳細的著作，於一九七〇年出版，一九七二年再版，成為暢銷書。不僅內容豐富，情文並茂，而且字裡行間充滿感性與正直，讓讀者動容。

我把那本書複閱之後，產生不少感觸，因為從書中看到的約翰·甘迺迪，很多與蔣經國總統的風格和際遇有相似之處：

他們都是雄才大略、德智兼隆的政治家。

他們的副總統都是來自和總統意識型態不同的地域。詹森是南方人，甘迺迪是北方人；李登輝是臺灣本省人，蔣經國是外省人。

他們的副總統都是極有心機、表裡不一的人。

他們的副總統都是對總統的忠誠度有疑問的人。詹森曾被列為暗殺甘迺迪的主謀，李登輝曾經暗中資助海外臺獨份子和國內反動派系。

他們都在總統任內去世，一在座車內被刺身亡，一在病床上大量吐血而逝，不幸都是意外突發的猝死。

他們都有保衛國家利益的果斷和堅毅。甘迺迪總統結結實實迫使蘇俄頭子赫魯雪夫簽訂禁核條約，經國總統毅然決然廢除施行近四十年的戒嚴、開放報禁黨禁，都是智者勇者的典型作為。

他們都是律己從嚴、待人從寬、和藹可親的政治領袖。甘迺迪總統每日很早從他寢室經過白宮長廊，樓上到樓下，走進他的橢圓形辦公室，一路上都有侍衛和工作人員，包括清潔工作的傭婦，總統都會親切

地一一向他們說「早安」。同樣，經國總統也是每天都向周圍服務人員說「好」。

他們都是備受國人愛戴的國家元首。美國民意調查和歷史學家共同研評歷任總統中，甘迺迪被列為最佳總統之一。經國總統則在所有民調中始終被列首位，是最受民眾敬愛的元首。

他們永息的地方，一直都被視為聖地。華府郊區阿靈頓國家墳場，甘迺迪墓前的「永不熄滅之火」，一直有人在獻花祈禱。大溪經國總統的陵寢，更是絡繹不絕的民眾前去致敬。

最不幸的是，他們的副總統，時時都在懷著早日晉登大位的慾念和野心。

我對兩位總統和他們副總統的評述，都是依據觀察所得和資料所載，皆有所本。雖是筆者個人之見，但我武斷地認為多數國人大概都會同意我的看法。

前面所提兩位美國作者合寫的《Johnny, We Hardly Knew Ye》，我完全相信都是事實的紀錄，我甚願節錄那書中最後一章最後二節的幾句話，文字簡潔不長，但或可視為甘氏最後三年生命的寫照。

　　它的原文如下：

　　「That early conviction that a career in politics would be his best way of helping to keep the world and the nation at peace was never weakened. To John Kennedy, politics was keeping peace. After standing up to Khrushchev and making the treaty that banned nuclear explosions in the atmosphere, he was determined to pull out of Vietnam and even more determined never to send an American drafted into combat there or anywhere else overseas. He was far too sensitive to the prevailing public opinion to commit himself any deeper to a war within Southeast Asia that was already dividing his own political party and turning the young people against the government. He died when he looking forward to bright years, first a visit to Asia and a tour of Russia, then a lively campaign for reelection and a second term crowded with historic accomplishments.

James Reston said it well when he wrote, what was killed in Dallas was not only the President but the promise. The heart of the Kennedy legend is what might have been. All this is apparent in the faces of the people who come daily to his grave on Arlington Hill.

As the hand-lettered farewell message at Shannon Airport suggested. We hardly knew him. 」

中文的譯文如下：

「早期從事政治生涯的人，都有一種信念，促進世界與國家和平，是一條最好的道路。這樣的信念，一直都未減弱。對甘迺迪而言，政治就是和平。當他強勢迫使赫魯雪夫簽訂禁止核武試爆條約之後，他決定自越南撤兵，甚至更為決心，不再要把徵兵得來的美國青年送到海外任何地方。他對正在盛行的民意極為敏感，越戰已使民主黨內部分裂，以及青年們的反政府行動，使他深自警惕絕不再讓東南亞戰局愈陷愈深。他逝世當時，正在展望未來的光明歲月。他想作初次訪問亞洲，他要去俄國旅行，他更在策劃一場生動活潑的連任競選，使他的連選連任，充滿歷史性的成就。

詹姆司・雷斯登寫得好，在達拉斯被殺的不僅是甘迺迪的人身，而是他的許多展望。祇看每天去阿靈

頓山崗到他墳前的民眾們臉上明顯的神情，便知甘迺迪傳奇的核心精神，已然存在。

正如在香農機場分別時所寫的那張便條紙上所寫，我們對他瞭解太少。」

*　　*　　*

本書寫到結尾，或許有人會問，書中所述俱是陳年往事，何以隻字不提未來？

大哉斯問，我的答覆是：

「沒有健康的現在，焉有光明的未來。」

中華民國國步維艱，以目前國家處境而言，我以為我們最好的國策，應該是：

「立足臺灣，心懷大陸，放眼世界。」

然則現今執政當局，在沒有自由的假民主制度操控下，一面倒傾向美霸，採取仇中抗中的親美政策，

一切唯美是從，甚至願當馬前卒，不計後果。

明知不敢公開宣布臺灣獨立，卻猶虛張聲勢，為虎作倀，不斷或明或暗，向對岸挑釁，作抗中先鋒，是盲從？還是自投羅網？

兩岸關係，已到谷底，仍在奢言「維持現狀」。實則現狀已經徹底破壞，如果真的認為原先的現狀（包含九二共識）乃是安全所繫，那就亟應修補國策，敦親睦鄰，回頭是岸，或能挽救危機於萬一。

談未來，何其不易。先有健康的現在，方是正途。

我不是悲觀主義者，不過先要認清現實，避免誤入歧途。所以我仍然樂觀地肯定，兩岸必有和平融合的一日，祇是我看不到而已。

這是我的未來之夢，至望執政者多多汲取前賢智慧，改弦易轍，自強不息，那麼被世稱羨的「經國之

治」，不難再現。

　哲人雖遠，典型猶在，果能好自為之，自有光明的未來，這也就是寫作本書的一點愚忠所在。

　割不斷的追念之思，拋不開的憂國之情，目睹國事蜩螗，政局紛亂，誠不知未來的光明何時再現。爰拾唐詩二句：「行到水窮處，坐看雲起時。」寄望否極泰來，聊自慰之。

誌 謝

本書定稿之前，曾先送請前總統馬英九先生及前國民大會議長錢復先生核閱指正。乃蒙兩位至友，不吝教正，更惠賜鴻文，為拙作書寫序文，銘感五中，在此致上最高敬意和至誠謝意。

本書出版者遠見天下文化出版公司董事長高希均教授，為本書的發行熱忱支持，並惠予各種協助，以及吳總編佩穎、張主編彤華暨編輯部各位同仁協力策劃，務使本書不受兩個跨年長假影響，如期順利出版。筆者對他們的敬業精神，十分敬佩。

特別要感謝的是「蔣經國國際學術交流基金會」的朱執行長雲漢先生及宋主任翠英女士，慨允將七海

文化園區內蔣經國圖書館的廳房，借供天下文化公司作為本書新書發表會的場所，更提升了本書出版的意義，感激不盡。

最後也要感謝我的賢內助陳家麗女士，她在百忙中代我做了本書第一次紙本校對工作，以便新書能夠加快印行，毋任感謝。

經國先生贈
張祖詒古人格言

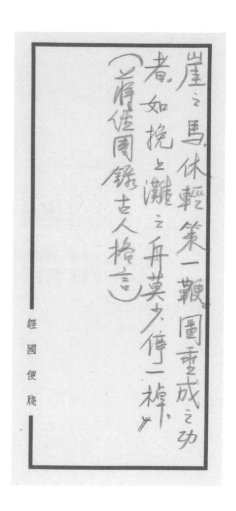

崖之馬，休輕策一鞭，圖垂之成之功
者，如挽上灘之舟莫大停一棹。
（蔣經國錄古人格言）

世路風霜，吾人鍊心之境也；世情冷煖，吾人忍性之地也；世事顛倒，吾人修行之資也。青天白日的節義，自暗室屋漏中培來；旋乾轉坤的經綸，自臨深履薄處得力……置其身於是非之外，而後可以折是非之中；置其身於利害之外，而後可以觀利害之變……無事時戒一偷字，有事時戒一亂字……提得起，放得下，算得到，做得完，看得破，撇得開。救已敗之事者，如馭臨崖之馬，休輕策一鞭；圖垂成之功者，如挽上灘之舟，莫少停一棹。（蔣經國錄古人格言）

經國便牋

世路風霜，吾人鍊心之境也，世情冷暖，吾
人忍性之地也，世事顛倒，吾人修行之
資也。青天白日的節義，自暗室屋漏中
培來，旋轉乾坤的經綸，自臨深履
薄處得力，⋯⋯置其身於是非之外，而

經國便箋

後可以折是非之中。置其身於利害
之外，而後可以觀利害之變，⋯⋯做事時
戒一個偷字，有了時戒一亂字，提了
起，放的下算了，做了完，看了破
破撤了，閑，救已敗之事者，如馭臨
經國便箋

社會人文 BGB526

總統與我
政壇奇緣實錄

作者 —— 張祖詒

總編輯 —— 吳佩穎
責任編輯 —— 張彤華
校對 —— 蘇暉筠、凌午（特約）
封面設計 —— 李健邦
內頁排版 —— 張靜怡、楊仕堯（特約）

出版者 —— 遠見天下文化出版股份有限公司
創辦人 —— 高希均、王力行
遠見・天下文化 事業群董事長 —— 高希均
事業群發行人／CEO —— 王力行
天下文化社長 —— 林天來
天下文化總經理 —— 林芳燕
國際事務開發部兼版權中心總監 —— 潘欣
法律顧問 —— 理律法律事務所陳長文律師
著作權顧問 —— 魏啟翔律師
地址 —— 台北市 104 松江路 93 巷 1 號 2 樓
讀者服務專線 —— (02) 2662-0012｜傳真 —— (02) 2662-0007；(02) 2662-0009
電子郵件信箱 —— cwpc@cwgv.com.tw
直接郵撥帳號 —— 1326703-6 號　遠見天下文化出版股份有限公司

製版廠 —— 中原造像股份有限公司
印刷廠 —— 中原造像股份有限公司
裝訂廠 —— 中原造像股份有限公司
登記證 —— 局版台業字第 2517 號
總經銷 —— 大和書報圖書股份有限公司　電話／(02) 8990-2588
出版日期 —— 2022 年 2 月 10 日第一版第 1 次印行

定價 —— NT 400 元
ISBN —— 978-986-525-449-0
EISBN —— 9789865254568 (EPUB)；9789865254575 (PDF)
書號 —— BGB526
天下文化官網 —— bookzone.cwgv.com.tw

國家圖書館出版品預行編目（CIP）資料

總統與我：政壇奇緣實錄／張祖詒著. -- 第一版. --
臺北市：遠見天下文化, 2022.2
304 面；14.8×21 公分. -- (社會人文；BGB526)
ISBN 978-986-525-449-0（平裝）

1. 蔣經國　2. 臺灣史　3. 臺灣政治

733.294　　　　　　　　　111000405